《石嘴山农村经济发展调研报告（2021）》编写人员

主　　编：刘学勇　王晓斌

副 主 编：田　帅　李　莉　董明华

编写人员（按姓氏笔画排序）：

丁　丽　丁静红　马晓芳　马雪峰　王　云　王学文

史　林　白淑萍　吕筱恺　刘　茜　刘　斌　孙云霞

李　丽　李　虹　李长红　李宏阳　张淑君　张惠霞

陈志远　陈淑娟　孟玲玲　顾思伟　高全伟

石嘴山
农村经济发展调研报告(2021)

刘学勇　王晓斌　主编

黄河出版传媒集团
阳光出版社

图书在版编目（CIP）数据

石嘴山农村经济发展调研报告. 2021 / 刘学勇，王晓斌主编. -- 银川：阳光出版社，2022.11
ISBN 978-7-5525-6587-4

I. ①石… II. ①刘… ②王… III. ①农村经济发展—调查报告—石嘴山—2021 IV. ①F327.433

中国版本图书馆CIP数据核字（2022）第220532号

石嘴山农村经济发展调研报告（2021）　　　　　　　　刘学勇　王晓斌　主编

责任编辑	胡　鹏
封面设计	梅　楠
责任印制	岳建宁

黄河出版传媒集团
阳光出版社　出版发行

出版人　薛文斌
地　　址　宁夏银川市北京东路139号出版大厦（750001）
网　　址　http://www.ygchbs.com
网上书店　http://shop129132959.taobao.com
电子信箱　yangguangchubanshe@163.com
邮购电话　0951-5014139
经　　销　全国新华书店
印刷装订　宁夏报业传媒集团印刷有限公司
印刷委托书号　（宁）0024893

开　　本　787mm×1092mm　1/16
印　　张　12.5
字　　数　220千字
版　　次　2022年11月第1版
印　　次　2022年11月第1次
书　　号　ISBN　978-7-5525-6587-4
定　　价　68.00元

序

2021年是中国共产党建党100周年,调查研究,是我们党的传家宝。坚持从群众中来到群众中去,夯实基础工作,重视调查研究这个谋事之基、成事之道。实现农业强、农村美、农民富的目标,做好新发展阶段"三农"工作,全面推进乡村振兴,就要求我们建立健全良好的调研机制,收集有效信息和数据,把大量的材料去粗取精、去伪存真、由此及彼、由表及里加以综合分析,在此基础上提出切实可行的政策建议或作出正确的工作决策,着力破解影响农业农村发展全局的深层次矛盾,真正发挥好参谋作用。

党的十九大以来,中央坚持统筹城乡发展,准确把握"三农"发展规律、创新"三农"发展理念,出台了一系列强农惠农富农政策,有力地促进了农业农村发展和农民增收,为乡村振兴创造了良好发展环境。特别是党的十八大、十九大提出的一系列"三农"发展新思想、新论断,为进一步丰富和完善强农惠农富农政策体系提供了保证,也为我们当前和今后一个时期推进农业农村发展与改革指明了方向,为努力走出一条生产技术先进、经营规模适度、市场竞争力强、生态环境美、可持续发展的中国特色新型农业农村现代化道路奠定了坚定的政策基石。

近年来,石嘴山市委、市政府高度重视农业农村改革与发展,积极推动"9+3"重点特色产业发展,推动全市经济高质量发展,特别是在农村经营制度改革方面进行积极地探索和创新,承担了国家28项农村改革试点任务,在农村土地经营制度改革、加快现代农业发展、促进农民多元增收等实践中有创新、有突破、有亮点,农业农村经济取得了长足发展。2021年,全市粮食播种面积为106.68万亩,粮食总产量51.94万吨,农业总产值74.86亿元,农村居民人均可支配收入1.8万元，全市各类新型农业经营主体达到3273家，其中：市级及以上农业产业化龙头企业96家、农民合作社119家、家庭农场107家、农业社会化服务组织（站）42家。这些成绩的取得，得益于对政策脉络的精准把握，得益于中央、自治区和石嘴山市委、市政府对强农惠农政策的支持，得益于广大农业干部勇于探索创新和强农惠农政策的深入贯彻落实。

思路决定出路。"十三五"以来，市农业农村局面对现代农业发展面临的机遇和挑战，结合自身工作实际，开展了大量的调研工作，所取得的新思路、新观念、新成果，对石嘴山市发展现代农业有很好的参考价值，为市委、市政府决策发挥了重要参谋作用。在此，我们将近年农业农村工作中形成的好思路、好方法、好成果进行整理汇编，希望通过此书起到抛砖引玉的作用，引导农业农村系统广大干部职工大兴求真务实之风，深入农业生产一线，深入农民群众之中，准确反映问题，提出针对性、可操作性强的政策建议，努力把石嘴山市打造成为黄河流域生态保护和高质量发展先行区排头兵，全力推动习近平总书记来宁视察重要讲话精神在石嘴山市全面落实、全面见效。

现将调研报告精选编印成书，望能为鉴。

石嘴山市农业农村局党组书记、局长　刘学勇

2021年11月

目录

❖ 经营主体与产业发展篇

乡村振兴篇

推进农民相对集中居住
加快实现乡村全面振兴

石嘴山市是一个工业城市,随着城镇化的加快推进,大量农村人口向城镇转移,农村"空心化"问题越来越严重。在推进乡村振兴过程中如何破解这一难题,已迫在眉睫。围绕这一主题,近期我们经过认真的调研思考,形成了一些基本思路和观点,现予阐发。

一、农村"空心化"制约了农村全面发展

石嘴山市是一个工业城市,由于城镇和工业吸附能力强,带动了大量农村人口向城镇转移。截止到2021年年底,全市城镇化率已经达到79.2%,高于全区平均水平14.2个百分点,农村空心化程度远远高于宁夏的其他4个市。根据第七次全国人口普查数据显示,全市农村户籍人口29.2万人,常住人口16.6万人,其中还包括了部分农闲进城农忙回乡的"候鸟式"住户,常住人口占总人口的56.8%。也就是说有43.2%的人口已经进城镇居住,这部分人口以青壮年劳动力家庭为主。留在农村的主要以老年人家庭为主,农村已经提前进入"老龄化"时代。随着年龄的增长,他们将逐步失去劳动能力,农村发展后继乏人现象日趋严重。这对农村经济发展、文化繁荣、社会治理、美丽乡村建设造成深远影响。具体表现在:

一是农业效益低下,农民种田积极性减弱。由于人口的"空心化"和"老龄化",带来的直接后果就是农村经济的"空心化"和"低效化",反过来又促使农村青壮年劳动力加快流出。目前,在农村耕种土地的多为年老体弱,或无技术特长、不能外出打工、仅靠种田养畜获取相对较低收入的农民。随着年龄增长,他们对继续耕种土地已经显得心有余而力不足。一、二轮土地承包时,土地按等级分包到户,一般农户只有十几亩土地,少的分成二三块,多的十余块,由于地块分散,给农业生产带来诸多不便,实现农业现代化更是无从谈起。加之近年来农业生产成本不断增加,农业生产效益不断受到挤压,一些农户由于土地少而难以获得规模效益,纷纷把土地租赁给家庭农场和农业企业进行耕种,每年只是收取一定数量的租金。常年在外的农民更是对土地失去了情感,年轻人对农村失去了"回忆",不会种地、不愿种地已成为普遍现象,土地在他们眼里变得不再"值钱",土地流转已是大势所趋。

二是村庄基础设施难以配套,村容村貌凋敝落后。由于历史原因,石嘴山市村庄主要以自然村为单位进行规划建设,其特点就是数量多、规模小而且比较分散,这样不仅造成土地大量浪费,也增加了基础设施建设成本,导致基础设施难以配套到位。据调查,全市现有村庄1360个,平均每个村庄常住人口122人,一些偏僻的村庄人口更少,大部分村庄自来水、道路、排污等基础设施发展滞后,数量不足、质量不高。又由于石嘴山市农村房屋绝大多数为二十世纪八九十年代建成,房屋质量不高,外观形象参差不齐,村容村貌十分落后。特别是那些"空心村",由于房屋老旧、破损严重,多年闲置无人修缮,形象更是凋敝不堪。加之农村居住的大多为老年人,他们在家主要是看守房屋、种田养畜,对住房要求不高,抱着只要能住就行的想法,不愿整修,个别老人认为年事已高,没有必要花钱整修,就是免费改造"卫生厕所",也有部分老年人表示放弃。凡此种种,给生态宜居美丽乡村建设带来了巨大困难。

三是乡村文化建设陷入困境,社会治理难度加大。乡村文化建设是乡村建设的灵魂,随着大量青壮年农民进城谋求发展,受过高等教育的优秀人才不愿意回到农村,乡村文化建设主体缺失,导致农村文化、教育、卫生等公共事业难以发展,基础条件落后,资源匮乏、质量低下,成了无本之木、无源之水。乡村治理是国家治理的基石,农村的空心化和居住的分散化给社会治理增加了难度。一方面由于人才缺乏造成农村基层组织带头人能力素质难以适应乡村治理新要求,部分村党组织自身不硬、组织力不强、向心力不够,社会治理能力低下;另一方面由于居住分散,造成农村信息闭塞、文化活动稀少、精神生活贫乏,一些落后的思想观念和陈规陋习有所抬头,甚至封建迷信活动、黄毒赌等现象沉渣泛起,影响了农村的和谐稳定。

二、农民相对集中居住有利于促进乡村全面振兴

推进农民相对集中居住,就是通过经济和行政手段推动农民进城镇和"中心村"居住,集中改善基础设施和公益服务,从根本上改善农村人居环境。

一是整合土地,推动农业产业发展。农民相对集中居住后,将他们不想耕种的土地租赁给农业合作社和家庭农场等新型家庭经营主体,以入股或权益分红等形式获得固定收入,村民以"产业工人"身份到新型经营主体打工,获取工资收入。新型经营主体获得土地后,以经济效益为中心,依托第一产业,发展第二三产业,延长农业产业链条,形成新的致富产业,吸收本土人才参与生产经营管理,为当地农民找到了就业出路,让群众有活干、有钱挣。同时,有利于吸引大学生等"新生代"就业"新农村"、献身"新农业",增强农村农业发展活力。新型经营主体把农业作为固定乃至终身职业,是真正的农业继承人,不仅解决了"谁来种地"的现实问题,更解决了"怎样种好地"的深层次问题。

二是完善基础设施,改变农村形象。虽然近几年来市县乡三级党委政府高度重视农村人居环境整治,目前已基本完成了农村改厕、垃圾治理等任务,也建成了一批"中心村",但这些还都是低层次低标准的,和乡村振兴的要求相比还有很大差距,农村的落后面貌依然没有从根本上改变。推进农民相对集中居住,让进城的那部分农民首先享受到城镇的基础设施和公共服务,过上和城里人一样的生活;留在农村的农民由于数量减少,人居环境整治压力减轻,通过向"中心村"集中,又能降低了基础设施和公共服务设施建设成本,可以整合乡村建设的各类项目资金,集中用于"中心村"的水、电、路、气、信以及垃圾、污水收集处理等各类基础设施建设,克服地方财政用于乡村建设资金不足的现实问题,从根本上改变农村落后面貌。

三是集中服务,实现高效管理。农民相对集中居住后,有利于整合项目集中建设乡村文化、教育、卫生设施,加快发展文化教育卫生事业,满足农民群众精神文化健康需求,提高农民生活品质;有利于社区统一规划建设社区服务中心,推行社区集中统一办公,方便群众办事,提高基层组织工作效率和服务水平,加强乡村社会治理;有利于社区统一配套建设生活超市、银行服务点、物流中心、老年活动室等与群众生活息息相关的机构和场所,方便群众日常生活。同时,部分行政村可以撤销,社区工作人员由基层党委政府统一委派,减少了农村干部职数,减少村级运行成本。

三、推进农民相对集中居住的思路措施

农民集中居住是提升农民幸福指数、改善人居环境和乡村治理结构、促进农村可持续发展的需要,也是社会文明自我提升的需要,是经济社会发展到一定阶段的必然产物。因此,必须顺应社会形势,满足社会需求,全力推动农村人口集中居住。

一是加强顶层设计，完善政策制度体系。要充分发挥政府的主导作用，制定人口集中居住远景规划和大致时间表。以县区为单位抓紧编制或修编村庄布局规划。按照先规划后建设的原则，通盘考虑土地利用、产业发展、居民点建设、基础设施、公共服务、人居环境整治、生态保护和历史文化传承，注重保持乡土风貌，编制多规合一的实用性村庄规划。为农村经济社会长远发展和人居环境整治提供依据。要完善鼓励农村人口进城镇和"中心村"的政策制度体系，明确各方责任和奖补政策。在财力投入上，积极争取中央、自治区人居环境整治、重点小城镇建设、"一事一议"、美丽村庄建设等方面资金，以县区为单位统筹整合，集中用于人居环境建设。鼓励社会资本参与，形成党政主导、社会参与合力。

二是兴旺乡村产业，优化就业产业环境。产业兴旺是解决农村一切问题的前提，如果没有产业支撑，就业就没有渠道，务工就没有岗位，增收就没有来源。要立足石嘴山市资源禀赋，发挥优势、突出特色，按照布局区域化、生产标准化、经营规模化、发展产业化的要求，加快推进奶产业、肉牛肉羊、绿色食品、特色瓜菜和制种等重点特色产业做大做强，打造一批"一村一品"特色村。要坚持一二三产业融合发展，大力发展农产品加工、流通、仓储、物流等关联产业，努力构建链条完整、功能多样、业态丰富、利益联结紧密的农村产业融合发展体系。要培育壮大农业龙头企业，支持发展农民合作社、家庭农场等新型农业经营主体，积极推动乡村旅游、农村电商、托管服务等新产业、新业态、新模式加快发展。让乡村产业成为广大农民和移民群众增收致富的源头活水。要充分利用乡村存量建设用地和宅基地改革结余土地指标，通过入股、租用等方式，直接用于发展乡村产业。有效破解因产业"空心化"带来的人口"空心化"问题。

三是打造重点镇村，促进人口就近集中。重点镇和"中心村"在城镇体系、村庄体系中具有重要地位，承担着接受城市辐射，带动乡村发展的重要功能。镇村房价相对较低，可以降低农民集中居住成本，也有利于生产生活兼顾。要以实施农村人居环境整治提升五年行动和开展美丽宜居村庄和美丽庭院示范创建活动为契机，在新一轮村庄建设中重点规划建设好重点镇和"中心村"。要根据公共服务半径、辐射带动能力、区位优势和发展潜力，在全市范围内科学选择一批重点镇和"中心村"，体现镇域节点、村域中心、带动周边的功能。要借鉴浙江经验，根据产业、文化、景观选准定位，培育一村一业或多村一业，避免千村一面和产业类同。要扩大政策供给，如在农村集体建设用地调剂方面，重点镇和"中心村"建设允许镇、村范围内置换宅基地。要坚持做"加法"和做"减法"并重,统筹推进"中心村"建设和"空心村"整治。按照政府能承受、群众能接受、工作能推动的原则,兼顾现实情况和长远发展需要,进一步完善农村房屋征收有关政策和工作程序,依法、自愿、公开、公平地开展"空心村"治理工作。要积极开展农村闲置宅基地"三权分置"试点,探索建立宅基地有偿使用和自愿退出机制,加快盘活农村闲置资源,提高资源利用效率,增加群众财产性收入。

四是尊重历史规律,调动农民积极参与。推进农民相对集中居住涉及群众思想观念、生产生活方式转变,是一个长期的系统性工程,在推进过程中既要保持战略定力,也要把握时间节奏。在推进方式上,宜稳中求进,不断深入,不宜搞"大跃进"和"一刀切"。要加强制度建设、政策激励、教育引导,把发动群众、组织群众、服务群众贯穿乡村振兴全过程,充分尊重农民意愿,弘扬自力更生、艰苦奋斗精神,激发和调动农民群众积极性、主动性。要深入搞好调查研究,广泛听取群众的意见和建议,以群众同意不同意、满意不满意作为衡量标准,统筹兼顾不同群体利益,坚决克服"坐而论道"、"闭门造车"等脱离群众的官僚主义、形式主义。要尊重农民的意愿,不搞行政命令,不搞"一刀切",对有意愿、有条件的农户先引导他们进城镇和"中心村"集中居住;有意愿、无条件地帮助他们慢慢集中,无意愿、无条件的最后集中。

推进农民集中居住是历史的必然选择,我们必须尊重社会发展规律,顺应时代潮流,把人们对美好生活的向往作为奋斗目标,团结人民、依靠人民,为实现乡村振兴共同努力。

(撰稿:刘学勇)

关于石嘴山市农业高质量发展的
调查与思考

近期,全市上下正在积极开展"大学习大调研大谋划大落实"活动,为了准确把握石嘴山市农业发展现状、存在的问题及今后发展的对策措施,本人结合实际进行了认真的调研,形成了调研报告。

一、全市农业发展的现状

近年来,市委、市政府站在宏观、全局、长远的高度,认真贯彻落实中央、自治区关于农业农村工作决策部署,践行新发展理念,紧紧围绕农业供给侧结构性改革这条主线,着力培育新动能、打造新业态、扶持新主体、拓宽新渠道,加快推进一二三产业融合发展,全市农业发展质量和效益进一步提高。全市粮食面积稳定在106万亩以上,总产量稳定在50万吨以上,实现十七连丰。全市农业增加值达到38.7亿元,农民人均可支配收入达到16405元。

(一)农业结构不断优化。奶产业、肉牛肉羊、葡萄酒产业、绿色食品等重点特色产业快速发展。依托河东优势地理条件,引进瑞丰源、广德源等10家大型现代化牧场,着力打造高端奶源之乡,全市奶牛存栏达到7万头,比2019年翻了

一番,奶产业逐步成为拉动农业发展最强增长极。大力发展肉牛肉羊富民产业,建成宝丰羊产业小镇、乐牧高仁、睿悦瑜等一批肉牛肉羊重点项目,全市肉牛、肉羊饲养量分别达到12.23万头和123.3万只,比2016年增长54.4%和25.9%。推进葡萄酒产业不断发展壮大,贺东庄园、西御王泉等酒庄规模不断扩大,全市酿酒葡萄种植面积达6380亩,年产优质葡萄酒360吨,实现产值7200万元。推动绿色食品产业转型升级。年营业收入100万元以上的绿色食品加工企业已达100家,销售收入30亿元、利润3.6亿元。瓜菜制种产业蓬勃发展,全市瓜菜、制种面积分别达到22万亩、15.6万亩。

(二)一二三产业加快融合。农产品加工业快速提升,全市农产品加工业总产值达到39.1亿元,占农业总产值的51.8%,农产品加工转化率达到67%。农业与旅游、教育、文化、健康养老等产业加速融合,龙泉村、大地天香、庙庙湖等一批乡村旅游项目逐步建成,全市现有休闲农业企业68家,五星级休闲农业示范点3个,四星级7个。农村电商不断发展壮大,与京东、蜂巢等知名电商企业建立合作关系,拓宽农产品网络销售渠道,全市农村电商企业达到54家。实施品牌强农战略,打造"珍硒石嘴山"区域公用品牌,培育地理标志品牌6个,特色优质农产品品牌20个。

(三)农业新型经营主体不断增加。实施新型农业经营主体培育工程,通过先建后补、以奖代补等形式,推进农民合作社、家庭农场等新型农业经营主体健康规范有序发展。全市农产品加工企业达到192家,农民专业合作社达到579个、家庭农场达到434家。区级龙头企业达到46家,市级龙头企业达到46家,社会化综合服务站达到25家。

(四)农业绿色发展成效明显。大力推广秸秆综合利用技术,实施玉米秸秆捡拾打捆回收、秸秆粉碎深翻还田等秸秆综合利用项目,建成以秸秆为原料的加工企业7家,农作物秸秆综合利用率达到87.2%以上。大力推进畜禽粪污综合治理,规模养殖场设施设备配套率达到96%,建成以畜禽粪便为原料的有机肥厂6家,畜禽粪便95%以上得到综合利用。实施农药包装废弃物回收试点工作,回收率达到76%。

(五)农村改革持续深化。先后承担了6项国家级和18项部委农村改革试点任务,有效盘活了农村资源要素,激发了乡村发展内生动力。一是农村经营制度改革成效明显,土地"三权分置"范围不断扩大。按照依法、自愿、有序的原则鼓励农户通过转让、互换、出租等方式流转承包地;鼓励家庭农场、农民合作社等农业新型经营主体通过流转土地发展适度规模经营，全市土地流转面积占耕地面积的46%，土地潜能进一步释放。推行产权抵押贷款。赋予土地承包经营权、林权等9项产权抵押融资权能，设立了农村产权抵押贷款风险防范基金，累计办理各类产权抵押贷款2.52万笔、14.82亿元，为农户和农业新型经营主体提供金融支撑。二是不断增强农村集体经济发展活力。对村集体资金、资产、资源进行清查盘点，全市195个行政村核实村集体资产7.92亿元。合理配置成员股权。科学确认集体成员身份，将股权分为基本股、家庭股、贡献股、救助股，创新性地推行"投改股"，将政府投资形成资产折股量化，实现村集体资产"人人持股"。发展壮大集体经济。探索形成了特色产业带动、土地等资源租赁、自主投资经营、村企合作、盘活资源融合发展、人才引领带动6种集体经济发展模式，年经营性收入10万元以上村占村总数的58.5%，60个村股份分红超过2000万元，夯实了村级组织自我"充电"和"造血"功能。三是进一步盘活农村宅基地和集体建设用地。建立农村宅基地管理体制机制，推行"超占有偿使用、新增有偿取得、审批县域统筹、退出政府补贴"的新型宅基地管理机制，有效解决了宅基地管理粗放、空置率高、农户违规超占和非法转让等问题。盘活利用闲置宅基地，采取有偿退出、异地置换、归并整合以及对暂不建房的农户颁发宅基地资格权证等方式退出闲置宅基地，累计征收整治农村闲置宅基地714宗、2432亩。探索农村集体经营性建设用地入市，建立增值收益分配机制，探索建立差别化的土地增值收益分配机制，实现与国有建设用地"同权同价"。累计入市交易126宗、860.3亩，村集体分享土地增值收益1652.8万元，为农村新产业新业态发展提供了用地保障。

二、农业发展中存在的困难和问题

（一）农业基础依然薄弱。在现代农业发展上与银川、吴忠相比差距较大。耕地70%为中低产田，农田地下水位高、灌排不畅，土壤盐渍化程度高，盐碱地占耕地面积的58.5%。加之石嘴山市位于引黄灌区末梢，基础设施建设滞后，农田建设标准不高，灌溉困难，已成为制约石嘴山市农业发展的重要瓶颈，特别是对惠农区的影响更为严重。

（二）农业内部结构不合理。从农业内部结构来看，种植业、畜牧业分别占农业增加值的64.34%、25.06%，种植业高于全区7.5个百分点，畜牧业低于全区9.9个百分点；从种植业内部结构来看，粮经比为72:28，以粮为主的农业格局仍然没有改变。

（三）农业发展动能不足。农产品加工业发展滞后，农村第三产业不发达，特别是农产品线上线下流通业、休闲农业在全区处于后位；农产品品牌不靓，区域性地标品牌少，没有在全区叫得响的"宁字号"、"原字号"农产品。

（四）农产品质量亟待提高。农业生产标准化程度低，有机肥、有机农药使用量少，大量使用农药化肥的情况依然存在，部分农产品农残超标。农产品大路货多，安全、优质、高端、有机产品比重低。农产品安全检测监管工作滞后，三个县区尚未全面开展起来，全市农产品质量追溯体系尚未建立。

三、加快农业发展的思路对策

产业振兴是"五大振兴"之首，是乡村振兴的物质基础，也是解决农村一切问题的前提。要认真贯彻落实自治区党委、政府重点发展9大产业的决策部署，立足石嘴山市资源禀赋，坚持质量兴农、绿色兴农、品牌强农，深化农业供给侧结构性改革，推进农业由增产导向转向提质导向。

（一）做好结构调整文章。一是实施粮食安全计划，全市粮食面积稳定在106万亩，产量稳定在50万吨以上。加快培育专用粮食、"功能粮食"，提高粮食品质，建成自治区优质粮食基地。二是实施现代畜牧业倍增计划，从资源条件看，石嘴山市发展畜牧业潜力大，要把现代畜牧业作为"十四五"农业最主要的增长极，把奶产业发展作为"一号工程"，以河东为重点，推动种养一体化发展，积极引进伊利、君乐宝、金河等乳品企业建设液态奶加工基地，把石嘴山市建成国家优质奶源基地。把肉牛肉羊作为一项富民产业，以宝丰、灵沙等乡镇为重点，坚持小群多户、专业大户、养殖小区、规模养殖场同步发展，不断提高良种化水平，力争畜牧业占农业比重达到40%以上。三是实施特色瓜菜转型升级计划，以供港菜、沙漠瓜菜、越夏番茄为重点，推进规模化、标准化、集约化生产，建设一批永久性生产基地和产业园区，提升瓜菜产业整体发展水平。加快发展瓜菜制种产业，逐步扩大茄果类和杂交制种面积，建成全国区域性蔬菜良种繁育基地。四是实施枸杞葡萄产业培育计划，支持枸杞保健品、化妆品开发和品牌打造，开拓外销市场。充分利用盐碱地、新开发地发展枸杞产业。做好农旅结合文章，集中开发利用山坡地种植葡萄，把酒庄当做景区来打造。五是实施绿色食品加工提升计划，大力发展粮油、乳制品、牛羊肉、蔬菜、葡萄酒、枸杞等绿色食品加工业。积极培育能够带动农民增收的特色小吃、手工制作、民间艺术、乡村文化等产业。鼓励现有企业转型升级，提升档次。通过招商引资、工商资本下乡，培育新的加工企业。抓好农产品加工专业园区建设，明确功能定位，加强规划引领,完善配套基础设施,解决园区用地问题,为绿色食品加工业加快发展创造条件。

(二)做好融合发展文章。习近平总书记强调,要推动乡村产业振兴,紧紧围绕发展现代农业,围绕农村一二三产业融合发展,构建乡村产业体系。一是鼓励家庭农场、加工企业、农民合作社等经营主体前延后伸延长产业链条,健全生产、加工、仓储保鲜、冷链物流、电子商务等全产业链,实现自身融合发展。二是完善利益联结机制,积极发展"公司+合作社+农户""公司+基地+农户"等农企融合共赢模式,带动农民参与融合发展,实现稳定增收。三是引导各类农业产业化龙头企业依托区域特色产业,向优势产区、加工园区集中,因地制宜组建产业化联合体,实现规模化集约化经营,提高农产品市场竞争力,带动农村一二三产业融合发展。四是进一步拓宽思路,向农业多种功能要效益,大力发展能够带动产业融合的乡村旅游、休闲康养、农机服务等农村服务业,鼓励建设产业融合示范园区和各类田园综合体,实现多业态融合发展。

(三)做好品牌培育文章。实施特色优质农产品品牌工程,重点培育沙漠瓜菜、脱水蔬菜、枸杞、种子、牛羊肉等5大区域公用品牌,打造一批绿色农产品基地、有机农产品基地。鼓励行业协会、龙头企业、经营主体积极打造自主品牌。借助"中国农民丰收节"、"种业博览会"等节庆活动,加大节会推介、农产品展销和外销窗口建设力度,加大特色品牌线上线下推广和营销力度,不断扩大石嘴山市农产品知名度和影响力,让更多本地优质农产品走出去。充分利用石嘴山市农产品硒含量高的优势,加快培育富硒农产品品牌,申报"全国农业富硒示范基地"。深化农产品质量安全追溯体系建设,规模以上龙头企业和绿色、有机、品牌农产品全部纳入追溯平台管理。加大农业投入品管控和畜禽屠宰场专项整治,抓好农产品质量安全追溯体系建设,切实提高农产品质量安全水平。

(四)做好绿色发展文章。构建农业绿色发展的总体框架,让绿色成为农业的底色,切实抓好四个方面工作。一是强化资源保护与节约利用。坚决守住耕地数量红线和耕地质量底线,严格保护永久基本农田。推进节水农业,制定严格的管理制度、惩戒措施,坚决治理地下水超采、水资源浪费等问题。全面推进农业水价综合改革,增强农民节水的自觉性和主动性。二是加强产地环境保护与利用。良好的产地环境既是生产绿色优质农产品的前提,也是建设美丽乡村的重要内容。要严防工业和城镇污染向农业转移,控制好外源性污染。提高农作物秸秆、畜禽粪污、农膜等农业废弃物资源化水平。农作物秸秆要坚持因地制宜、农用为主、就地就近,大力推进秸秆肥料化、饲料化、燃料化、原料化,实现秸秆全量化利用。畜禽粪污要以政府支持、企业主体、市场化运作的方针,以就地就近用有机肥为主要使用方向,实施畜禽粪污资源化利用项目,推进粪污资源化利用。农膜以加厚地膜应用、机械化捡拾、专业化回收、资源化利用为主攻方向,全面推进,综合治理。三是养护修复农业生态系统。要遵循生态系统整体性、生物多样性规律,合理确定种养规模,优化乡村种植、养殖、居住等功能布局。打造种养结合、生态循环、环境优美的田园生态系统。加快禁养区内养殖场搬迁,完善水生生物增殖放流,加强水生生物资源养护。四是推广应用农业绿色生产新技术。化肥、农药等投入品使用量大,农业生产方式落后等问题,是造成农业面源污染的突出问题。要加快农业转型升级,推广化肥农药双"四减"技术。化肥"四减",就是调优结构减量、精准施肥减量、有机肥替代减量、新型经营主体示范带动减量。农药"四减",就是推进统防统治提高防治效果减量、推进绿色防控控制病虫危害减量、推广高效施药机械提高利用率减量、推广高效低风险农药优化结构减量。同时,要大力推广水肥一体化、稻渔综合种养、微流水生态养殖等农业新技术,发展循环农业,提高水肥、农药利用率,减少农业生产过程对环境造成的影响。

(五)做好经营主体培育文章。要认真贯彻落实习近平总书记"就地培养更多爱农业、懂技术、善经营的新型职业农民"的指示精神。一是切实抓好新型农业经营主体培育,解决好今后"谁来种地"的问题。重点抓好家庭农场、合作社等新型经营主体培育和新型职业农民培养,提升农业经营主体和劳动者整体素质。吸引工商资本下乡,鼓励外出农民工、大学生、科技人员和退伍军人返乡创业从事农业生产经营,改善农业生产经营者结构。二是健全农业专业化社会化服务体系,积极培育金融、信息、农机和技术等服务主体,推进农业社会化服务的专业化发展,大力发展公益性农业服务机构,加强新型经营主体和服务主体之间的合作,提高农业社会化服务综合效益。三是发展多种形式适度规模经营,稳妥推进土地流转,实现适度规模经营。创新利益联结机制,大力推广托管服务,推行"公司+基地+农户"等连农带农新模式,帮助小农户加入现代农业产业链,实现"小农户"和大市场有效衔接。

(六)做好科技兴农文章。科技是第一生产力,农业的发展同样离不开农业科技进步。要紧紧抓住科技创新这个牛鼻子,聚焦底盘技术、关键装备,强化农业科技和装备创新。一是强化农业科技和装备支撑,不断提高农业良种化、机械化和生产技术水平，大力推广互联网+农业、智慧农业、数字农业。二是加强农业科技服务体系建设，推进公益性和经营性农技推广服务融合发展，创新农业技术推广服务方式，引导和支持各类农业经营主体兴办综合服务站，及时为农业提供科技服务。三是支持建设农业现代化示范区，成为示范展示农业新技术新成果，开展农业创新创业的平台。四是加强农业科技人才队伍建设，鼓励科技人员开展创业、创新、创优活动，为科技人员提供平台，推行"科技人员+项目+资金服务"模式，充分调动和发挥科技人员"双创"积极性。五是加强同区内外科研院所合作，推行"院地合作、所县共建、农企联合"等产学研结合模式，合力攻坚解决农业发展"瓶颈"问题。

（七）做好农村改革文章。习近平总书记强调，改革是乡村振兴的重要法宝。新时代推进农业农村现代化，还是要通过深化农村改革，进一步激活农村资源要素，破除制约农业农村发展的制度障碍，激发强劲内生动力。一是健全城乡融合发展机制。要充分发挥石嘴山市"城大乡小、工强农弱"优势，强化以工补农、以城带乡，推动形成工农互促、城乡互补、协调发展、共同繁荣的新型工农城乡关系。要强化制度供给，打通城乡要素市场化配置体制机制障碍，推动城乡要素平等交换、双向流动。充分实现乡村资源要素内在价值，挖掘乡村多种功能，改变农村要素单向流出格局，增强农业农村发展活力。二是深化农村土地制度改革。要健全城乡统一的建设用地市场，积极探索实施农村集体经营性建设用地入市制度，建立公平合理的增值收益分配机制。维护被征地农民和农民集体权益。稳慎推进农村宅基地制度改革，探索宅基地所有权、资格权、使用权分置实现形式。加快推进农村宅基地使用权确权登记颁证，严格落实"一户一宅"规定。保障进城落户农民土地承包权、宅基地使用权、集体收益分配权，鼓励依法自愿有偿转让，探索自愿有偿退出机制。加大"平罗经验"推广力度，积极探索"超占有偿使用、新增有偿取得、审批县域统筹、退出政府补贴"的新型宅基地管理机制，探索闲置宅基地腾退建设用地指标入市交易方式。三是巩固完善农村基本经营制度。稳妥推进农村承包地"长久不变"政策落地落实，实施好平罗县二轮土地承包到期后延包30年国家级试点，实现有序衔接过渡。切实维护好农户承包地的各项权能，充分激活"三权分置"功能和效用，探索更多放活土地经营权的有效途径，加快推进土地流转经营，释放土地潜能。坚持问题导向，积极推进"一块地"改革，在水稻种植区、高标准农田建设等区域，引导农户按确权面积通过互换、重划等方式"化零为整"，变零散的"小块田"

为连片成方的"大块田",逐步解决承包土地"碎片化"问题。四是深化农村集体产权制度改革。巩固国家级农村集体产权制度改革试点成果,健全完善农村集体经济组织运行机制,指导村经济合作社履行好村集体"三资"所有者的管理、经营和收益分配等职责,确保集体资产保值增值。积极开展农村集体"四荒"地确权登记颁证和经营权长期有偿承包使用的制度和办法,盘活农村集体资产,增加村集体资产收益。指导村经济合作社以中央自治区扶持壮大村级集体经济项目为抓手,通过发展特色产业、乡村物业和生产生活服务业等项目。将集体土地承包租赁、征收、入市、建设用地整治等获得的收益,政府投资的经营性资产、财政发展壮大村集体经济项目资金收益等,全部纳入村集体经济,不断壮大村级集体经济实力,增强村级组织推动乡村振兴的能力。

(撰稿:刘学勇)

推进供给侧结构性改革
加快农业高质量发展

近年来，全市农业农村工作在市委、市政府的领导下，以推进乡村振兴为总抓手，以提高农业发展质量为目标，紧紧围绕农业供给侧结构性改革这条主线，着力培育新动能、打造新业态、扶持新主体、拓宽新渠道，农业综合生产能力显著提高。

一、工作措施及成效

（一）大力发展特色农业。立足资源禀赋，坚持市场导向，积极引导发展瓜菜、制种、现代畜牧业三大特色产业。种植业结构进一步优化，压减玉米等低效作物14.08万亩，全市粮食、瓜菜、制种面积分别达到110.83万亩、15.58万亩、15.6万亩，主要农作物耕种收综合机械化水平达到93%。畜牧业加快发展，以河东优质奶源基地、宝丰羊产业小镇为抓手，加快牛羊补栏，全市牛、羊饲养量分别达到14.55万头、96.21万只，同比分别增长25.37%和9.03%；奶牛存栏4.42万头，同比增长43.04%。

（二）坚定实施品牌战略。成功举办了宁夏第六届种业博览会、全国蔬菜销售商走进宁夏等活动，与国内外农业企业签订35份战略合作协议与产销协议。着力打造"珍硒石嘴山"区域公用品牌，创建小麦、水稻、脱水蔬菜等各类富

硒农产品生产基地24个5万亩,培育富硒农产品单品品牌13个,成功举办了石嘴山市首届富硒产业发展大会,进一步提高了石嘴山市富硒农产品知名度。培育"惠农脱水菜"、"惠农枸杞"、"平罗沙漠西瓜"等特色鲜明的6个地理标志商标。目前全市共有绿色食品8个、有机农产品2个,"有机农产品"转换期认证7个,地理标志保护产品3个,实现了产品基地无害化、标准化,品种优质化、专用化,带动优质粮食、瓜菜、牛羊肉、枸杞、葡萄酒等产业加快发展。

(三)加快推进三产融合。实施农产品加工业提升行动,支持龙头企业技术改造升级,培育产业链领军企业,全市农产品加工企业达到189家,市级以上农业产业化龙头企业达到92家,上半年全市农产品加工业产值达到11.77亿元,同比增长6.8%。新产业新业态培育蓬勃发展,龙泉山庄、大地天香等10个乡村旅游示范点建设顺利推进,加快民宿、餐饮、娱乐等设施建设,开发旅游产品、丰富旅游业态,补齐基础设施和服务设施短板,乡村旅游服务接待水平进一步提升。今年以来,先后举办了贺东庄园展藤节、庙庙湖沙漠旅游文化节等节会活动10余场次,计划全年举办各类休闲农业节会活动30场次,上半年,全市乡村旅游业实现经营收入3600万元,接待游客37.5万人次。积极推动农业物联网建设和农村电商发展,全市农业企业建成投入使用物联网项目达到46个,电商企业总数达到49家,农产品线上销售额达6500万元,互联网农业带动效应明显。

(四)持续推进美丽乡村建设。一是以"五清一改一绿"为重点,争取中央、自治区项目资金8800万元,大力实施巷道硬化、村庄绿化美化等基础设施建设,整治农村道路、巷道3630条,沟渠5710条,清理废弃危旧土房1310户,清理残垣断壁2100处,拆除巷道违建1501处,创建"美丽村庄"等人居环境整治示范点35个,其中庙庙湖村、西永惠村、马家湾村等22个示范点工程项目已完工。二是坚持"一镇(乡)一业"、"一村一品",做到以产建镇、产镇融合发展,吸引各类生产要素向小镇汇集,推进乡村旅游发展,打造一批个性鲜明、活力彰显的美丽家园示范村。红果子镇被确定为全国第三批新型城镇化综合试点、全国特色小镇和美丽宜居小镇,红果子镇和陶乐镇列入自治区10个重点特色小镇,龙泉村、银河村等4个村被评为"全国乡村旅游重点村",兴民村、龙泉村、马家湾村、东永固村入选全国"千村万寨展新颜"展示活动。

(五)着力推进科技兴农。积极引进示范推广农业新品种新技术,加强对外交流合作,推广农业优新品种42个、绿色增效技术18项,农作物、畜禽、水产优良品种覆盖率均达到98%以上,培育番茄、辣椒等具有自主知识产权新品种28个。与浙江农科院、中国农科院等科研院所建立长期合作关系,先后柔性引进高层次人才33名,建立农业院士工作站1个,成立了石嘴山富硒功能农业研究与推广中心和农作物种业研究院。实施新型职业农民培育工程,截至目前,培训致富带头人、新型职业农民和农村劳动力7121人,其中培训致富带头人150人,新型职业农民600人,农村劳动力6371人。

二、存在的问题

(一)农民增收难度加大。受全市总体经济形势影响,企业用工人数减少,工资标准下降,农民工资性收入增长困难。受农业"天花板"和"地板"的双重挤压,农民经营性收入增长空间越来越小。加之,农民来自于政策性收入和转移性收入数量有限,增长缓慢,造成农民增收难度越来越大。

(二)农业发展动能不足。农产品加工业发展滞后,农村第三产业不发达,特别是农产品线上线下流通业、休闲农业在全区处于后位;农产品品牌不靓,区域性地标品牌少,没有在全区叫得响的"宁字号"、"原字号"农产品。

(三)重农强农氛围不浓。农业是弱势产业,社会效益和生态效益高,经济效益低,对县域GDP的贡献少。近年来,县区领导为了追求经济的快速发展,把主要精力集中在占比较高的工业上,对占比较低的农业重视程度越来越低,无论是资金投入还是精力投入都在不断减少,重视农业、加强农业的工作氛围不浓。

三、对策建议

(一)在绿色兴农上下功夫见实效。切实抓好以下方面工作,构建农业绿色发展的总体框架。强化资源保护与节约利用。坚决守住耕地数量红线和耕地质量底线,严格保护永久基本农田。推进节水农业,制定严格的管理制度、惩戒措施,防止地下水超采、水资源浪费等问题。加强产地环境保护。要严防工业和城镇污染向农业转移,控制好外源性污染。提高农作物秸秆、畜禽粪污、农膜等农业废弃物资源化利用水平。打造环境友好农业生态系统。优化乡村种植、养殖、居住等功能布局。打造种养结合、生态循环、环境优美的田园生态系统,严禁在禁养区内从事各类养殖。推广应用农业绿色生产新技术。加快农业转型升级,大力推广化肥农药增效减量技术和病虫害绿色防控技术,减少农药化肥用量,控制农业面源污染,提高农产品质量安全水平。推广水产生态养殖和尾水治理技术,减少养殖尾水污染。强化农产品质量安全和环境执法。深入开展农药残留、兽药残留、"瘦肉精"、私屠滥宰等农产品质量安全突出问题专项整治,严厉打击违法违规行为。推进农兽药追溯体系建设。探索开展农业环境执法,严查违法行为。

(二)在特色壮大上下功夫见实效。立足资源禀赋,聚焦优势特色,遵循"一特三高"农业发展方向,大力调整供给侧结构,不断压减玉米等低效作物面积,大力发展现代畜牧业、瓜菜、制种三大优势特色产业,不断提高土地产出率。推动现代畜牧业加快发展。重点是充分利用优势抓好奶产业发展,将其作为今后农业最突出的增长极,加强与伊利等大企业集团合作,积极引进有实力的养殖企业,以河东地区为重点,加快推进奶牛产业发展,同时,争取尽快建成乳制品加工龙头企业。推动瓜菜产业提质扩规。以供港菜、沙漠西瓜、越夏番茄、脱水菜为重点,推进规模化、标准化、集约化生产,建设一批永久性生产基地和产业园区。积极争取实施国家现代农业产业园项目,提升瓜菜产业整体发展水平。推动制种产业转型升级。蔬菜制种是石嘴山市最具特色的产业,要支持种子企业发展加工包装、培育品牌、拓展市场、提升市场竞争力,扩大基地规模;办好宁夏种业博览会,提高知名度、扩大影响力;加快种子小镇建设;打造国家级种子产业融合示范区。

(三)在融合发展上下功夫见实效。延伸农业产业链。加强政策引导,鼓励各类经营主体积极发展农产品初加工和精深加工,培育产业链领军企业。加快农产品冷链物流体系建设,推进市场流通体系与储运加工布局有机衔接。发展农业生产性服务业,鼓励开展代耕代种代收、大田托管、统防统治、烘干储藏等市场化和专业化服务。拓展农业多种功能。加强统筹规划,推进农业与旅游、教育、文化、健康养老等产业深度融合。充分发挥石嘴山"两湖""三带"优势,加快推进乡村旅游全域化。借助山水林田湖草等重点项目建设,抓好特色小镇、美丽乡村建设。积极发展多种形式的休闲农庄,不断提升管理水平和服务质量。大力发展农业新型业态。实施"互联网+现代农业"行动,推进互联网、大数据、人工智能等与农业深度融合。大力发展农产品电子商务,完善配送及综合服务网络,加强与京东、蜂巢等电商企业合作,扩大农产品销售。引导产业集聚发展。持续推进惠农、平罗农产品加工园区建设,扩大园区规模,完善基础设施,创新园区管理,形成农产品加工、流通、服务业发展集聚区。用好"空心村"整治政策,新增建设用地优先考虑农村产业融合发展。

(四)在品牌强农上下功夫见实效。大力发展绿色有机农产品生产,遴选推介一批质量好、叫得响、影响大的农产品品牌。加快培育"珍硒石嘴山"区域公用品牌。鼓励行业协会、龙头企业、经营主体积极打造自主品牌。借助"中国农民丰收节"、"种业博览会"等节庆活动，加大农产品推介、展销和外销窗口建设力度，不断扩大知名度和影响力，让更多优质农产品走出去。充分利用石嘴山市农产品硒含量高的优势，加快培育富硒农产品品牌，创建"全国农业富硒示范基地"。深化农产品质量安全追溯体系建设，规模以上龙头企业和绿色、有机、品牌农产品全部纳入追溯平台管理。

（五）在主体培育上下功夫见实效。农业高质量发展，归根结底要靠农业生产经营者来实现。要加快培育一批爱农业、懂技术、善经营的新型职业农民，改变目前从事农业生产的主体多数是老人妇女的现象。一要着力培育家庭农场、合作社、重点龙头企业和社会化服务组织等新型经营主体，加快发展多种形式的适度规模经营。二要积极扶持小农户，通过发展社会化服务、完善与新型经营主体的利益联结机制等途径，帮助小农户加入现代农业产业链，实现小农户与现代农业发展的有机衔接。三要吸引工商资本下乡，鼓励外出农民工、大学生、科技人员和退伍军人返乡创业从事农业生产经营，改善农业生产经营者结构。

（撰稿：王晓斌、田　帅、董明华）

推进田园综合体发展　开辟乡村振兴新路径

——石嘴山市推进田园综合体发展与探索

田园综合体是集循环农业、创意农业、农事体验于一体的农业新业态、新模式,是乡村振兴战略的重要落脚点,也是社会资本进入乡村振兴市场的重要通道。近年来,石嘴山市结合农村人居环境整治和美丽乡村建设,稳步推进大武口龙泉休闲旅游小镇、沟口硒有田园,惠农银河村黄河湿地、马家湾子村大地天香,平罗西永惠村种子产业园等田园综合体发展,让农村重现生机,开辟了乡村振兴新路径,乡村有了新的发展方式和新的发展前景。

一、组织规划,积极推进田园综合体创新发展

(一)夯实基础,完善农业生态体系。结合盐碱地治理项目集中连片开展高标准农田建设,提升生产基础条件,通过灌溉工程、沟道排水工程、暗管控盐工程、调蓄水库及水肥一体化示范工程、道路工程等基础设施建设。平罗县新丰村集体规划田园综合体面积3000亩,整村推进建设稻海庄园、四季果蔬大棚、农事体验区、立体种养示范区、泥鳅乐园、稻田捕鱼、稻香文化风情街、稻米加工区,打造可持续发展的稻米主题田园综合体,解决了该村排灌困难、道路不畅、配套建筑物年久失修等问题,实现了旱能灌、涝能排、渍能降,农田建设标准化、

平罗县新丰村农事体验区

田园化的目标。通过平田整地、调田成垱、沟渠路配套完整，田园综合体快速发展，2021年，石嘴山市结合盐碱地高效利用项目新增耕地3200亩，吸引大批客商前来土地流转，发展田园经济、休闲农业，既壮大了村集体经济收入，也为当地农户提供了新的增收渠道。

（二）突出特色，打造农业产业体系。打造以田园景观、农业生产和优质特色农产品为基础的主题观光区域，吸引人流，形成产业优势，提升土地价值。惠农区简泉村规划山荒地面积2200亩，依托该村贺兰山化石沟、蓄水水库等特有资源，开发观光农业、农业文化旅游和水上休闲娱乐等一二三产业融合项目，发展已形成产业规模的现代温室大棚种植西甜瓜、蔬菜、草莓等优势特色产业，以"西甜瓜"品牌为主导产业，利用丰富的文化遗迹、遗址等资源，大力发展农事体验、文化教育、休闲娱乐于一体的田园综合体，2020年实现村集体经营收入60多万元，每年可为村集体增加经营收入15万元。

简泉村田园综合体

（三）完善体系，提升农业产业链延伸。以农业产业园区的方式发展现代化农业，实现农业现代化和规模化经营。平罗县西永惠村规划面积1020亩，建设蔬菜品种展示区、蔬菜制种标准化生产示范区、企业与合作社优势互补示范区、休闲观光区、农耕文化体验区、乡村特色民宿区，依托泰金种业蔬菜新品种暨繁育示范园区优势，带动周边30余家制种企业抱团发展，形成全国重要的蔬菜制种集散地；惠农区东永固村规划建设面积3000亩，以枸杞产业为主导，走集种植、加工、销售为一体的产业融合发展路子，与浙江鲁家村结对加入"全国百强村"联盟，打造"天下枸杞第一村"，建设景观园、科普园、生态园、体验园、认养园和观光长廊，打造亲子农事教育、观光娱乐、餐饮美食、品种展示于一体的田园综合体。2020年，该村村集体经济收入快速增长，达到498.96万元，经营性收入275.7万元。

（四）绿色发展，打造美丽乡村。按照市委、市政府大力发展"9+3"重点特色产业的决策部署，全力抓好农村重点特色产业发展，田园综合体项目建设与乡村产业振兴、农村环境整治密切结合,通过"空心村"拆除、垃圾治理、"厕所革命"等措施,补齐乡村建设发展短板,推动田园综合体发展,提升乡村宜居水平。大武口区龙泉村设立美丽家园合作社,规划建设面积2000亩,建设休闲度假区、民风民俗文化体验区、现代农业展示区等功能区,实施农旅融合发展,带动农户参与农家餐饮、民宿改造、特色农业生产,努力实现局部景观与整体绿化美化相结合,生态建设与经济发展相结合,生态文明与文化渲染相结合,打造"可览、可游、可居"的田园综合体。2019年龙泉村入选首批全国乡村旅游重点村名录,被农业农村部评为中国美丽休闲乡村,年接待游客超过15万人次,2020年农民人均纯收入达到17900元。

二、多措并举,多维探索田园综合体发展新路径

(一)围绕特色,发展产业。围绕田园资源和农业特色,制定发展规划和建设方案,惠农区马家湾村发展乡村民宿、玫瑰观赏加工、绿色食品等产业,简泉村发展西甜瓜、蔬菜、草莓、乡村游泳等产业,东永固村发展特色瓜菜、脱水蔬菜、供港蔬菜等产业,银河村发展特色瓜果、民俗体验等产业和黄河观光、草原风情体验等乡村旅游;大武口区硒有田园依据原一矿农场为中心,开发旅游资源,发展乡村旅游、设施园艺、特色经林果、富硒果蔬,鼓励城市资本参与改建民俗、农产品加工等产业;平罗县六顷地村提升沙漠西瓜、蔬菜等产业,泰金种业提升优质瓜菜(花卉)种子繁育、育苗、会展等产业,双赢合作社提升设施瓜菜产业,拓展立体种植、观赏、体验、科普等农业功能。

(二)完善设施,因地制宜。大武口区龙泉村实施了土地平整、后山荒山绿化工程、桃柴沟入口整治、开心农场等项目,建设乡村舞台、露营基地、梯田景观、七彩四季滑道、热带百果园、桃花园、花卉展销厅和绿色果蔬采摘园;惠农区马家湾村实施了美丽乡村建设、玫瑰园、特色民宿、游客接待中心、休闲农业新业态等,简泉村实施了火龙果种植基地、青年林、110国道两侧环境整治、美丽家园建设等项目,建设绿色果蔬采摘园、乡村文化体验基地、欢乐农场、乡村民宿、露天游泳池。

(三)延伸产业链,打造多元产业融合。惠农区东永固村结合村庄环境整治、停车场建设、生态绿化、旅游厕所建设等项目,建设田园观光长廊、开心农场、农业认养园、科普展示园、亲子乐园、体验采摘园和农家乐、乡村民宿,银和村实施了农村人居环境整治、主题餐饮区、休闲康养、水上娱乐、草原娱乐观赏、农田特色采摘、游客接待中心、旅游厕所等项目;平罗县西永惠村实施了农业种植示范区、瓜菜制种、绿化和环境治理等项目,建设制种大地花海景观、开心农场、农事体验园、生态温室餐厅,新丰村实施了巷道硬化、村庄绿化、稻渔空间等项目,整村推进建设稻海庄园、立体种养示范区,推动可持续发展的稻米主题田园综合体发展。

(四)主体带动,试点示范。平罗县泰金种业实施了观光路建设、制种繁育基地等项目,建设种业博览会展示馆、研发中心、加工交易中心、采摘区、科普体验区、亲子游园;乐海山西瓜种植合作社实施无土栽培大棚与休闲餐厅、特色农家乐改造和绿化美化等项目,建设木栅观光道、现代农业展示区、采摘乐园、垂钓中心;双赢蔬菜农民合作社建设采摘温棚暖棚、稻草人空间、小菜园、展示大厅、亲子乐园等带动乡村田园综合体发展,为乡村振兴开辟了新路径。

三、直面问题,破解田园综合体发展瓶颈

(一)重视程度不够,建设氛围不浓。石嘴山市"田园综合体"建设起步晚,对田园综合体重视不够,认识不足,宣传不到位,建设气氛不浓。缺乏推动和培育田园综合体建设的配套政策,缺乏完善的田园综合体发展规划,建设档次不高,成功案例少。

(二)对社会资本吸引力弱。石嘴山市资源优势不明显、生态脆弱、产业不突出,试点村镇的基础配套设施条件较弱,资源优势、地方特色、发展规模和发展潜力发挥不充分,本地和外地客商投资积极性不高。田园综合体项目的开发建设存在投资大、收益不确定等问题,社会资本或农户经营难以享受政策支持,大多观望,招商引资难,市场化运作程度低。

(三)缺乏田园发展政策保障。在田园综合体建设管理机制、项目资金整合和项目管理、人才引进培养等方面还存在差距,现有政策无法满足田园综合体发展所需。同时,推进田园综合体发展还要加快一二三产业融合,还受到农村土地、规划等政策因素制约,存在引进的项目落地难等问题。

四、健全机制,构建田园综合体发展新格局

(一)向改革要活力。建立完善党政领导、部门协作、企业主体、农民参与、市场导向的管理体制,以及农旅文协同融合、示范引领工作机制。推进土地综合利用,在优化整体功能板块上夯实乡村富民产业基础。加快"三权分置"、"三变"改革,促进农村闲置宅基地和闲置资源向新型经营主体有序流转,盘活集体资源,打造培育一批产业化、规模化、现代化等特色农业田园综合体示范基地。

(二)促整合挖潜力。着眼于"政商、企民、农旅、产村"融合,把自然生态、历史文化元素融入生产、加工、销售各环节,整合资金、规划先行,实现产业多元互联与融通,发挥乡村生态涵养、休闲观光、文化体验功能,推进农旅工贸深度融合,鼓励城市工商资本下乡,推进农产品就地加工转化增值,推进农村电商健康有序发展,美丽乡村建设与农村产业发展有机衔接,实现田园综合体融合发展。

(三)抓重点带全域。在用地保障、财政扶持、金融服务、科技创新等方面制定具体有效的措施和办法,促进田园综合体与旅游村庄建设相结合,面向全市差异化布局,打造重点示范试点,在产业发展特色基础上配置农耕博物馆、农家乐、民宿,推出集观光、采摘、休闲、餐饮、研学于一体的生态趣味农业园,宣传引爆网红点,培育主打村镇品牌、特色看点、卖点,带动周边村庄共同发展。

(四)强链条促升级。加快构建"生产、加工、销售、休闲、旅游、服务"全方位、一条龙产业链培育。制种、牛羊肉、葡萄酒、枸杞是石嘴山市农业特色产业,要依靠地理优势和科技创新驱动特色农产品精深加工产业链,提升综合利用转化能力和品牌市场培育能力,推进特色村庄产业化进程,突出石嘴山市设施农业发展优势,促进田园综合体与电商深度融合,发展农村休闲旅游业,提升产业、做美生态、打造特色。

(撰稿:史　林、王晓斌、董明华)

树立新发展理念　加快产业融合发展

推进农村一二三产业融合发展，是拓宽农民增收渠道、构建现代农业产业体系的重要举措，是加快转变农业发展方式、探索特色农业现代化道路的必然要求。近年来，石嘴山市主动适应经济发展新常态，牢固树立新发展理念，加快转变农业发展方式，完善农业产业链条，拓展农业多种功能，有力促进农村产业融合发展。

一、全市农村一二三产业融合发展现状

（一）供给侧结构不断优化，产业融合基础日趋夯实

按照"压玉米、扩饲草、强特色"的结构调整思路，积极推进种植结构优化调整，全市粮食、瓜菜、制种、饲草面积分别达到94.25万亩、15.8万亩、15.6万亩、26.62万亩，压减粮食等低效作物4.8万亩，增加瓜菜1.5万亩、农作物制种0.5万亩、优质饲草11.91万亩，种植业结构进一步优化，调整幅度为历年最大，为全年农业生产奠定了良好基础；建成外销瓜菜生产基地10万亩，新增永久性蔬菜生产基地3个，永久性蔬菜生产基地面积达到4.1万亩，重点打造以平罗县姚伏镇、城关镇、头闸镇为主的3万亩"番茄之乡"和以红崖子乡、陶乐镇为主的5万亩河东高标准沙漠瓜菜基地，紧抓粤港澳大湾区"菜篮子"建设机遇，打通对外

设施蔬菜与露地蔬菜

销售渠道;现代畜牧业以河东优质奶源基地和宝丰"羊业小镇"建设为抓手,引进宁夏农垦、广德源、瑞丰源等6家万头奶牛规模养殖场,已建成标准化牛舍11栋10.9万平方米,奶牛存栏1.2万头,宝丰牛羊定点屠宰场二期工程肉羊屠宰分割车间正在建设,一季度全市牛羊饲养量分别达到12.31万头、88.61万只,同比增长29.98%、20.48%,其中奶牛存栏3.85万头,同比增长22.6%;大力推动生态水产业高效种养,新建设施温棚15000平方米、稻渔综合种养示范基地10000亩,实施黄河种质资源保护、黄河流域增殖放流等13个生态渔业项目,水产养殖面积达到13.3万亩;加快推进制种产业转型升级,建成各类制种示范园区23个,繁(制)种面积达15.9万亩,举办了第六届宁夏种业博览会,签约金额9.86亿元,种子小镇成功获批首批国家农村产业融合发展示范园,产业融合发展成为农村创新创业的热点和亮点,在促进农业增效、农民增收、农村繁荣方面的作用和效果日益显现。

(二)二三产业协调发展,产业融合方式日趋丰富

1.产业链不断延伸。做大做强农产品加工业,立足全市资源禀赋和区位优势,推动农产品加工企业逐步向优势特色产业区聚集,形成了优质粮食产业区、河东优质奶源基地等产业聚集区,建成惠农绿色农产品加工园区,实现了粮食、种子、蔬菜、牛羊肉等一产、二产融合发展的良好态势,2019年全市农产品加工业总产值37.05亿元,同比增长6.6%,实现销售收入34.54亿元,利润总额3.71亿元,从业人员9089人,提供劳动者报酬1.67亿元,企业自建种养殖基地9.47万亩,带动基地59万亩,联接农户10.1万户,转移农村劳动力2万多人。发展农业生产性服务业,鼓励开展代耕代种代收、大田托管、统防统治、烘干储藏等市场化、专业化服务。开展以产前、产中、产后全过程托管和"菜单式托管"两种模式服务,土地托管面积10.3万亩。不断健全农产品产地营销体系,在广州、深圳等地建立农产品外销窗口9个,绿丰源、鲜送达等企业在社区设立鲜活农产品直销网点。

2.农业功能不断拓展。着力推进农业与旅游、教育、文化、健康养老等产业深度融合,围绕"一山两湖一河"的自然地貌,初步形成了以贺兰山东麓110国道为轴线,以酿酒葡萄、农耕民俗为主的研学科普体验带;以星海湖、沙湖为中心,以滨水度假、垂钓竞技为主的农家乐、渔家乐休闲带;以黄河金岸为轴线,以康养健身、沙漠旅游为主的黄河大漠观光带。先后举办贺东庄园第三届盛夏嘉年华活动、石嘴山第三届沙漠西瓜采摘节、"田园花海百合节"等节庆活动,有力

促进乡村旅游发展。全市休闲农业及乡村旅游经营主体达到68家，年接待游客78.75万人次，实现经营收入2.02亿元，带动从业人员5421人。

3.新产业、新业态迅速发展。实施"互联网+现代农业"行动，推进现代信息技术应用于农业生产、经营、销售、管理和服务。加快发展农业物联网，全市农业企业建成投入使用物联网达到64家，种植业实现了农田环境远程监测、自然灾害分析预警与田间环境监测；畜牧业实现了发情监测、精准饲喂、养殖场信息化管理；水产业实现了水质在线监测、环境监控、智能精细投喂等。推动农村电商全域化，创新营销方式，拓宽农产品网络销售渠道，建成县级电子商务服务中心2个，仓储物流配送中心1个，村级电子商务服务站120个，村级快递服务点68个，县乡村三级架构初步形成，全市农村电商达到49家，京东中国特产·石嘴山馆上线运行，12家企业入驻平台，2019年全市农产品线上销售额达到6700万元。新百超市、宁夏一礼等企业建设网上超市、社区电商便民超市，实现线下体验、线上下单、配送到家的智能化销售体系，提高了居民生活便利化水平。

4.产城、产村融合初见端倪。将农村产业融合与推进城乡一体化发展相结合，建设特色田园小镇和美丽家园试点村，打造乡村产业发展新载体。惠农区引进嘉禾花语、优尼科、大兰鹰等休闲健康食品加工企业，建成集农产品精深加工、科技研发、商贸物流为一体的绿色农产品加工科技园。硒有田园、方歌农庄等积极实施田园景观、农居改造、文化展示、休闲娱乐等项目，走出了一条从环境整治向产业兴旺、生态宜居美丽乡村发展的新路子。平罗县陶乐镇、惠农区红果子镇被列为自治区级特色小镇创建单位，红果子镇被列为自治区经济发达镇行政管理体制改革试点，大武口区龙泉村2018年入选中国美丽休闲乡村，2019年被评为"全国乡村旅游重点村"。

5.品牌建设更加精准。把发展富硒农业作为推进农业转型发展、高质量发展的破题之举，成功举办石嘴山市首届富硒产业发展大会，打造"珍硒石嘴山"区域公用品牌，建成富硒农产品生产基地24个5万亩，培育昊帅大米、沙湖雪石磨面粉、红蜡滴枸杞等富硒农产品品牌8个，培育"平罗沙漠西瓜""惠农脱水菜"等地理标志商标9个，全市"两品一标"农产品达到16个，农产品品牌达到141个。优质粮食、瓜菜、牛羊肉、枸杞、葡萄酒等特色农产品品牌效应进一步提高，市场美誉度、影响力、引领力不断提升。

（三）组织化程度持续提高，产业融合主体日趋壮大

1.龙头企业引领作用明显。按照主导产业抓龙头企业、龙头企业抓升级的

工作思路,大力培育农业龙头企业,不断扩大企业集群规模,全市市级以上农业产业化龙头企业发展到92家(其中自治区级46家,市级46家),2019年实现销售收入33.95亿元,净利润1.99亿元,带动农户6.8万户、增收1.75亿元。中粮米业、昊帅米业、沙湖食品、华泰农、绿宝、泰金种业等龙头企业已成为同行业的领军企业。

2.农民合作社、家庭农场不断壮大。始终坚持把支持、引导农民专业合作社和家庭农场发展作为促进农业农村经济发展的重要举措,鼓励农民合作社发展农产品加工、销售,拓展合作领域和服务内容,鼓励家庭农场开展农产品直销,新培育专业合作社21家、家庭农场35家,全市各类农民合作社发展到569个,合作社联合社4个,入社成员1.25万人,农户参加率60.8%,带动农户6.9万户。各类合作经济组织统一组织销售社员农产品总值达到5.8亿元,统一组织购买农业生产投入品总值5264万元,农民组织化程度进一步提高。

3.社会化服务组织、行业协会地位凸显。围绕技术指导、农资超市、测土配方、统防统治、农机作业、信息服务“六大功能”进一步健全农业社会化服务体系,全市各类社会化服务组织发展到63家,其中自治区级社会化综合服务站达到20家,农机服务组织社员人数达到3458人,机具数量4255台(套),年作业服务面积40万亩以上,全市农作物耕种收综合机械化水平达到92%,综合服务率达到80%以上,为农民提供产前、产中、产后全过程综合配套服务。充分发挥行业协会教育培训和品牌营销作用,建立瓜菜协会、羊产业协会、休闲农业协会等行业协会8个,将适合行业协会承担的职能移交行业协会,与政府部门间形成了相互配合通力合作的良好局面。

（四）经济模式不断创新，产业融合利益联结日趋紧密

1. 创新发展订单农业。积极探索和完善各种农业产业化利益联结机制，大力推广订单收购、股份合作等利益联结模式，致力于打造经济利益联合体，全市订单面积达19.6万亩。绿宝工贸公司、昊丰蔬菜种苗公司、索非利亚食品有限公司等一批龙头企业积极探索基地联结模式，在明确保底价回收的基础上，采取定向供种、定向投入、定向服务、定向收购等方式同基地农户紧密合作，形成"公司+农户"、"公司+中介组织+农户"等多种形式经济共同体。中粮米业先后在姚伏镇、头闸镇、灵沙乡等地与农民合作社、家庭农场和种植大户签订1万亩优质水稻种植订单，稻谷全部按照年初签订的保底价格进行了收购，在农户中树立了良好的形象；惠农区华欣蔬菜产销合作社根据脱水蔬菜加工企业要求，组织农户按照标准化生产，搞好产前、产中、产后服务，不仅保证加工企业稳定的原料来源，还提高了农民收入；绿宝工贸公司为了保证产品质量，采取统一供种（苗）、统一管理的模式，与合作社、种植大户签订订单，带动周边2000余户农民种植蔬菜7000余亩，带动农民增收630余万元。

2. 鼓励发展股份合作。结合石嘴山市农村集体产权制度改革试点工作，将土地承包经营权确权登记颁证到户、集体经营性资产折股量化到户，成立了160个村集体股份经济合作社和33个经济合作社，全市村集体经营收入稳定在10万元以上的村达到68个，占总村数的34.8%。各村立足实际，不断创新经济发展模式，探索壮大集体经济发展路径，形成了产业带动、资源开发、村企发展、三产融合、股份合作、资产租赁等6种模式。

（五）保障措施逐渐完善，产业融合服务体系日趋健全

1. 优化现代物流体系。农产品冷链物流体系建设进一步优化，市场流通体系与储运加工布局有机衔接。建成各类蔬菜冷藏保鲜库14个，仓储能力达3万吨，建立各类配送中心10余家，年配送蔬菜达1.4万余吨。落实物流业鲜活农产品绿色通道惠企政策，为11.5万辆绿通免费车辆减免通行费711.21万元。培育支撑电子商务快递物流企业37家，形成了覆盖县、乡、村三级的物流服务体系。

2. 提高金融支农水平。全力落实贷款担保、贷款风险补偿、贷款贴息等财政支农政策，积极开展"银农对接"工程，与石嘴山银行、邮政储蓄银行等6家金融机构签订了《金融支持"三农"服务合作协议》，推行"政银保"合作贷款模式，引入保险公司提供担保，持续拓宽农业融资渠道，每年为各类新型农业经营主体贷款2.2亿元左右。平罗县制定了《平罗县农村集体经济组织股权管理暂行办法》《股权转让协议》《股权抵押贷款协议》，探索开展集体经济组织股权证抵押贷款新途径，推广农村产权抵押贷款和农村产权流转交易申请、审批、办理"一站式服务"，2019年通过手机APP办理贷款42笔268万元，实现各类农村产权流转交易的创新。

3.强化人才科技支撑。坚持科技创新支撑产业发展的理念，以石嘴山市国家农业科技园区建设为契机，加大新品种新技术示范推广，积极开展对外交流合作，紧抓农业科技人才教育培训，不断提升农业科技创新能力，全面推进现代农业发展。全市共推广农业优新品种42个、绿色增效技术48项，实施自治区、市级科技专项15项，农作物、畜禽、水产优良品种覆盖率均达到98%以上，市级以上农业科技型企业达到34家，农业科技贡献率达到55%，蔬菜新品种选育及种子标准化生产技术研究与示范项目获得自治区科技进步二等奖。与中国农科院、浙江农科院、山东农业大学等科研院所在人才培养、杂交制种、肉羊品种（系）培育等方面开展深度合作，柔性引进高层次人才33名（院士2名、博士5名、研究员26名），建立了宁夏第一家农业院士工作站和3个博士工作站，成立农业技术研发中心6家。实施新型职业农民培育工程，培育新型职业农民7000余人，培训各类农村实用人才2万余人，为全市农业农村发展注入创新活力。

二、存在的问题

（一）产业融合发展层次较低

一是产业融合链条短，附加值偏低。农产品加工转化率较低，精深加工水平不高，多数产品仍处于初加工阶段。农产品品牌小而散，知名度不高，缺乏竞争优势。缺乏规模化的农业产业化园区，尚未形成产业集群经济。二是农业多功能挖掘不够，休闲农业、旅游农业多以观光为主，生态文化价值拓展不充分，高品位、多样性、特色化不足。

（二）产业融合主体带动能力不强

一是农业产业化龙头企业规模小、实力弱，加工设备和技术落后，中高端产品少，辐射带动农户的能力不强。二是部分经营主体结构单一、管理粗放、经营能力不强，大多数合作社"有名无实"，存在大量"空壳社""挂壳社""僵尸社"，家庭农场和专业大户规模小，参与融合能力差。

（三）产业融合发展面临各种要素制约

土地、资金、人才等资源要素供给失衡和不足成为石嘴山市农村产业融合发展的突出瓶颈。一是土地流转及监管体制还不完善，土地流转难度大，加之部分农户对流转心存疑虑不愿流转，集中连片规模流转成功率不高。二是农村金融产品和贷款抵押方式偏少，农业主体融资渠道窄、融资难、融资贵问题依然突出。三是农业农村缺乏产业融合发展方面的复合型专业人才，农民文化素质和技能水平不高，乡村干部和专技人才队伍建设也较为薄弱。

三、对策建议

（一）着力优化现代农业产业体系，夯实产业融合发展基础

1. 做优一产，促进农业内部融合发展。立足资源禀赋，坚持市场导向，推动瓜菜、制种、现代畜牧业三大优势产业加快发展，推行由龙头企业、农产品流通组织制定产业标准化生产技术规程，促进农产品按标生产、上市、流通。推动各类生产要素与农产品生产、加工、销售有机融合，调优、调高、调精农业产业结构，加快农业组织方式、生产方式、经营方式转变，实现特色优势产业转型升级和提质增效。

2. 做强二产，提升产业融合发展带动能力。落实技改项目财政贴息、补助等措施，支持龙头企业技术创新和转型升级，打造提升农产品加工园区和技术集成基地。加快推进农产品储藏、保鲜、烘干等初加工设施建设，建立专业化、标准化、规模化、集约化优质原料生产基地，加快农产品冷链物流体系建设，支持农业企业建设具有仓储、加工、包装、配送等功能的田头冷链中心。鼓励企业兼并重组、做大做强，推动农产品加工业集群发展。

3. 做活三产，拓宽产业融合发展途径。加快推进农业与旅游、教育、文化、康养等产业深度融合，实现农业从生产向生态生活、从物质向精神文化功能拓展。加快培育农业新业态，实施"互联网+现代农业"行动，推进农产品电子商务应用示范，推进现代信息技术应用于农业生产、经营、管理和服务。发展新型农产品流通模式，推进互联网技术在农产品电子商务编码管理、包装标识、仓储、冷链、物流等环节的应用，实现农产品在仓储、物流、配送等环节的高效运行。鼓励发展农业生产租赁业务，积极探索农产品个性化定制服务、会展农业、众筹农业等新型业态。

（二）创新融合机制，激发产业融合发展内生动力

1. 培育多元化农村产业融合主体。采取直接补贴、贷款贴息、贷款担保等方式，重点支持带动新型农业经营主体，引导发展农民合作社联合社，支持合作社、家庭农场与农户联合建设原料基地和营销设施，开展农产品加工流通、直供

直销等综合性经营活动,形成完整产业链。打造产业融合领军型企业,鼓励一批在经济规模、科技含量和社会影响力方面具有引领优势的企业大力发展农产品精深加工、流通服务、休闲旅游、电子商务等,推进产业化经营,带动产业链前延后伸。

2.建立多类型利益联结机制。加快培育农业社会化服务组织,支持和鼓励农业生产服务组织和乡镇综合服务站围绕农业产前、产中、产后服务需求参与农业生产经营活动,积极发展代耕代种代收、良种供应、农机作业、统防统治、质量监测、烘干储藏等市场化和专业化服务,促进生产、加工、销售环节有机融合。大力发展订单农业,引导龙头企业与农户、家庭农场、农民专业合作社签订农产品购销合同,支持龙头企业通过承贷承还、信贷担保等方式,帮助订单农户建设标准化种养基地,支持龙头企业通过"公司+合作社+农户"和"公司+基地+农户"的方式,建立农民参与产业化经营、分享产业链增值收益的互利共赢模式。

3.着力推进新型城镇化,促进产城融合发展。加强统筹规划,发展城镇特色产业,深入推进美丽小城镇建设,大力完善水、电、路、气、暖及公共服务等设施,补齐小城镇建设短板,增强小城镇综合服务功能。强化产业支撑,扶持发展一乡一品、一村一特色,培育提升一批具有民族风格和历史文化内涵的特色中心小城镇,推动公共基础设施、基本公共服务向农村延伸拓展,促进城乡一体化发展。

(三)完善服务保障,构建农村产业融合支撑体系

1.搭建产业融合服务平台。加快推进信息进村入户,整合涉农部门信息资源,完善县乡村综合性信息化服务网络。加快物联网技术在大田种植、畜禽养殖、渔业生产等环节的应用,提高农业设施智能化发展水平。深化农业农村各项改革,进一步激发农村发展活力,加快生产要素集聚,努力为农村产业融合提供平台支撑。

2.落实各项扶持政策。加大财政支持,将财政预算内投资、农业综合开发资金等向农村产业融合发展项目倾斜,通过政府和社会资本合作、设立基金、贷款贴息等方式,带动社会资本投向农村产业融合领域。加大用地支持,年度建设用地指标中单列一定比例,专门用于新型农业经营主体进行农产品加工、仓储物流、产地批发市场等辅助设施建设。加大金融支持,加快农村承包土地的经营权、农民住房财产权抵押贷款改革步伐,发展"三农"融资担保和再担保机

构，解决农业产业续融资问题。

　　3.强化人才和科技支撑。鼓励有文化和有技能的青年农民留在农村，支持大专院校农科专业毕业生和外出能人返乡从事农业。在特色产业集中区、现代农业示范区、规模化养殖场布点建设农民田间学校、农村实用人才实训基地，加快发展农村职业教育，提高农民生产经营素质。加快推进国家现代农业科技园区建设，积极开展院地、院企合作，建设专家工作站、科技成果转化基地，完善科技研发推广服务体系，加快农业科技创新能力建设。

（撰稿：田　帅、董明华、丁静红）

促进农民增收致富
以生活富裕保障乡村振兴

拓宽农民增收渠道,提高农村居民生活水平,是乡村振兴战略中的重要发力点。今年以来,石嘴山市深入践行以人民为中心的发展思想,大力实施农村居民收入提升行动,以生活富裕保障乡村振兴。据统计,今年上半年全市农业总产值达到16.36亿元,同比增长8.8%,农村居民人均可支配收入达到7589.05元,同比增长12.0%,增幅高于去年同期6个百分点,农村经济发展焕发出巨大活力。

一、农村居民生活稳定收入稳步增长

(一)工资性收入持续增长。工资性收入是农民收入的主要来源,是农民收入增长的重要保障。上半年全市农村居民人均工资性收入3337.23元,占可支配收入的44%,同比增长12.2%。今年以来全市疫情稳定,经济活力有效释放,通用设备制造业、计算机通信、电子设备制造业、交通运输业、住宿餐饮业等可以提供大量就业岗位的产业增长势头良好,全市经济实现了恢复性增长,为农民就业创业创造了良好环境,截至目前,全市农村劳动力转移就业3.2万人,实现工资收入2.27亿元,农民外出务工数量和收入水平实现双增长。

(二)经营净收入快速增长。家庭经营收入是农民收入的第二大来源,是农民收入增长的重要支撑。上半年全市农村居民人均经营净收入3068.92元,占可支配收入的40.4%,同比增长12.8%。今年以来,全市农业经济总体向好,重点特色产业实现了快速发展,特别是畜牧业发展迅猛,畜牧业产值增长14.1%,奶牛存栏增长65.6%,肉牛、肉羊、生猪出栏分别增长17%、18.1%、11.7%,均呈两位数增长,对农业增长拉动作用明显。乡村旅游发展势头良好,上半年全市乡村旅游接待游客39.5万人次,农民从业人数1410人,营业收入8275万元,较去年同期上涨234%,乡村旅游成为增加农民收入重要途径之一。

（三）财产净收入不断提高。财产净收入是农民收入的重要组成部分，具有较大的增长空间。上半年全市农村居民人均财产净收入87.04元，占可支配收入的1.2%，同比增长23.2%，财产净收入快速增长的主要原因在于农村改革红利逐渐凸显、农民财产权变现能力逐步提高。通过持续推进农村综合改革，赋予农民更广泛的财产权益，建立较为完善的农村产权流转交易市场，农村土地等资源要素实现有序流通，上半年全市农村产权流转交易额超2亿元，累计交易额近53亿元。

（四）转移净收入稳步增长。转移净收入是收入增长的稳定剂，为农民收入增长起到兜底支撑的作用。上半年全市农村居民人均转移净收入1095.86元，占可支配收入的14.4%，同比增长8.6%。转移净收入小幅增长的主要原因是，今年以来全市持续加大民生保障投入力度，农村低保、基本养老金、特困人员基本生活补助等标准有所提高，各项惠农政策财政补贴资金落实到位。

二、促进农村居民增收的主要经验做法

（一）立足产业发展，努力增加经营净收入。一是确保粮食安全。坚决扛牢粮食安全的重大政治责任，全力做好农资保障、农机、气象等服务，全市粮食种植面积稳定在100万亩以上，达到118.95万亩。二是大力发展特色种养业。通过抓招商引资，着力打造宁北优质奶源基地，促进了奶牛产业快速发展，上半年奶牛存栏达到7.02万头，同比增长65.6%，在发展奶牛养殖的同时，积极把肉牛肉羊作为富民产业，大力推行50·300养殖模式，坚持专业大户、养殖小区、规模养殖场同步发展，全市畜牧业产值增长14.1%；在特色种植业发展中，加快特色瓜菜转型升级，推进瓜菜及制种产业规模化、标准化、集约化生产，姚伏"番茄之乡"、河东沙漠瓜菜基地初具规模，顺利召开第八届种业博览会，全市瓜菜和制种面积分别达到23万亩、16万亩。三是加快推进一二三产业融合发展。坚持种养与加工并重、生产与流通并举、培育与提升并行，支持发展农业规模经营，培育壮大农业龙头企业，加快发展农副产品加工、流通、休闲农业等乡村产业，

石嘴山绿宝工贸有限责任公司脱水蔬菜加工车间工人正在劳动

新建农产品加工项目13个,新增国家级农民合作社6家,自治区级龙头企业14家,确定10个乡村旅游项目重点打造。产业融合发展提高了农业附加值,拓宽了农民增收渠道。

(二)夯实就业基础,持续增加工资性收入。实施农村劳动力转移就业促进行动,推动农村劳动力更加充分、更高质量的转移就业。一是实施职业技能提升行动和高素质农民培训计划,不断提高农村劳动者就业创业能力。上半年,全市开展各类职业技能提升培训10821人次,培训农业新型经营主体骨干640人,力促农民工就地就近就业。二是加强农民工就业服务,千方百计稳岗位,多措并举促就业。大力培育和壮大劳务中介组织和劳务经纪人队伍,举办各类线上线下招聘会73场次,多渠道为农民拓展增收渠道。三是持续开展农民工工资专项清欠行动,在全区率先推行劳动关系协调员制度试点,为全市690名劳动者追回工资380余万元,有效保障了农民工合法权益。

(三)落实惠农政策,不断增加转移净收入。全面落实各项强农惠农富农政策,促进农村居民转移净收入增长。一是按标准发放各类惠农财政补贴资金10997.16万元,其中发放实际种粮农民一次性补贴1148.98万元(每亩补贴10.43元),耕地地力保护补贴9336.18万元(水地每亩补贴83元、旱地每亩补贴36元),农机购置补贴512万元。平罗县大力实施自治区原粮储备生产基地建设项目,明确小麦及水稻种植基地补助政策,小麦、优质稻谷每亩分别补助190元、100元,财政补助资金达到1438万元以上。二是提高农村低保、基本养老金、特困人员基本生活补助等标准,其中农村低保标准由3800元/年提高到4560元/年,提高760元,增长20%;农村居民人均养老金达到243元,提高27.9%。三是加大政策性农业保险支持力度。今年政策性农业保险投保农户4.5万户,目前,已向受灾农民赔付2388.9万元,农村居民参加农业政策性保险户均获得赔付530.9元。

(四)深化农村改革,不断增加财产净收入。全面深化农村改革,创新农业经营方式,增强农村发展内生动力,促进农民财产净收入增长。一是扎实推进土地权、山林权等"四权"改革,依法保障农民对承包土地、山林的占用、使用、收益等权利及宅基地使用权、集体收益分配权。二是推进土地流转,大力发展土地适度规模经营。上半年农村居民人均土地流转租金收入64.5元,同比增长23%,占财产净收入的74.1%。三是稳步推进提升农村集体产权制度改革成果,累计实施扶持壮大村级集体经济项目148个,实现经营净收益694万元,农民搭上了村集体经济发展的快速列车。大武口区龙泉村集体经济由2017年的不足20万元增加至2020年的120万元，人均纯收入由2017年的1.4万元增至2020年的2.1万元。今年，惠农区东固村股份经济合作社迎来首次分红，1246名股民获得分红12.6万元，股民人均获得财产性收入101.1元。

（撰稿：董明华、田　帅）

聚焦政策性农业保险　助推乡村振兴发展
——石嘴山市扎实做好政策性农业保险工作

　　政策性农业保险工作事关民生福祉,是支农惠农的一项重要举措。2020年,石嘴山市坚持"政府引导、市场运作、自主自愿、协同推进"的原则,通过扩面提质、完善机制、创新破难、优化服务等多种措施,切实发挥政策性农业保险风险"保护伞"和农民增收"助推器"作用,有效推进了农业农村高质量发展。

　　一、全市政策性农业保险实施情况

　　2020年全市政策性农业保险共收缴保费5922.79万元,种植业承保面积达到111.98万亩,收缴保费2608.54万元;养殖业承保头(只)数46.27万头(只),收缴保费3314.25万元。全市共受理理赔案件13561件,赔付金额3320.59万元,赔付率达到56.06%,受益农户24984户,有效化解了自然灾害风险,保障了农户的再生产能力。

　　二、主要做法及成效

　　(一)强化政策宣传工作,提高农民投保积极性。针对今年农业保险保费的大幅度提高,农民投保积极性下降,市农业农村局联合农险人员进村入户,通过发放宣传资料和农民面对面讲解的方式加强宣传。通过对农业保险政策的宣传,让农业保险进村入户,家喻户晓,扩大了政策性农业保险的社会影响,让广大农户真正认识到政策性农业保险的优越性,引导农民群众自觉自愿地参加农业保险,使农民真正认识到政策性农业保险在农业生产中的重要作用,形成"要农民投保"到"农民自愿投保"的良好氛围。

　　(二)扩大保险险种,提高农业保险覆盖率。在中央和自治区参保险种的基础上,为支持全市特色农业的发展,积极与市、县(区)财政部门沟通,新增加了

西瓜、苜蓿保险险种，市财政部门拿出资金补贴保费的20%，使全市的农业保险品种增加到16个，实现农民愿保尽保，全面提高政策性农业保险的覆盖率。

（三）引入市场竞争机制，促使农业保险阳光运行。2020年对全市具有政策性农业保险资质的5家保险公司，开展了招投标工作，通过比实力、比服务，最终由人保财险、大地和太平洋三家保险公司分别中标，并要求中标企业将政策性农业保险与村务公开相结合，做到"三到户、五公开"，即承保到户、定损到户、理赔到户；保险政策公开、参保情况公开、理赔结果公开、服务标准公开、监管要求公开，切实维护农民群众的知情权、监督权，使政策性农业保险在阳光下运行。

（四）健全保险基层网点，提高服务"三农"水平。积极开展"三农"基层服务体系建设工作，中标保险公司目前已经运营的"三农"服务部达到13个，全市195个行政村设立了保险代办点，形成了乡级有服务机构、村级有服务站点的机制。在提升网点覆盖面的基础上，进一步加快农业保险的专业化建设，建立了农业保险的理赔专家机制。

（五）加大财政补贴力度，提高农民抵御灾害能力。政府通过对生产者的保费补贴，有效解决生产者保不起，保险公司赔不起的两难问题。起到了"四两拨千斤"的作用，以有限的财政投入调动农民、保险公司的积极性和主动性，基层政府负担逐步降低，有效提高农民抵御自然灾害和疫病的能力，实现了农民、政府、保险公司"三赢"的局面，促进农村社会稳定。2015年—2020年，市财政累计拨付政策性农业保险补贴资金1100多万元，而农民获得的保险赔偿金额累计已达1.2亿元以上，累计受益农户达到11万户。

（六）创新农业融资方式，提高农业经营主体贷款信用等级。充分发挥保险资金与担保的支农作用，为家庭农场等新型农业经营主体提供融资贷款支持，探索农业保险与金融行业有效衔接方式，协助邮政银行、农村商业银行、村镇银行、石嘴山银行等多家银行向农业企业、农民专业合作社、家庭农场和经营大户发放贷款，配合人保财险公司对农产品进行参保，全市种植业投保率达到了90%以上，畜牧业基本上达到了应保尽保，有政策性农业保险做保障，农业生产损失得到及时补偿，减轻了金融机构因受灾而新增的贷款压力，同时农业生产能力的恢复又增强了农业生产者的还贷能力,降低了信贷风险,促进了农村金融保险业的发展。

三、存在的问题

(一)县区财政保费补贴压力增大。一是2020年新出台的《宁夏农业保险保费补贴管理办法》将种养殖业保险险种的保额普遍提高了20%~50%,县区财政保费补贴金额也相应增加;二是新出台的《宁夏农业保险保费补贴管理办法》中,县区财政不仅承担中央补贴险种10%的保费(平罗县因粮食大县小麦、水稻和玉米不承担10%的补贴,其他险种必须承担10%的补贴)和自治区补贴险种30%的保费,还承担了地方险种20%的保费,导致县区财政保费补贴压力增大。据统计,2020年全市三县区财政对农业保险保费补贴比2019年增长了27.24%。

(二)农业保险理赔标准低。由于没有技术性较强的专业仲裁机构,灾害损失难以确定,赔偿容易出现理赔纠纷。大部分群众对农业保险的赔偿比例、赔付的时限、确定的赔付方式不清楚,尤其是部分受灾严重的农户没有得到应有的赔偿,加之理赔服务的不及时,也直接影响农业保险的开展。

(三)病死牲畜无害化处理存在隐患。发生牲畜疫病死亡后,无害化处理程序复杂、协调机制不健全、无害化处理场少、补贴标准偏低、补贴手续繁杂,导致部分农户没有将病死畜禽进行无害化处理。

四、下一步工作建议

(一)中央和自治区财政需加大补贴力度。中央和自治区财政需加大对农业保险补贴力度,降低地方财政保费分摊的比列,从而缓解基层财政的压力。建议中央财政农业保险保费补贴比例应不低于50%,自治区财政补贴险种不低于60%,地方财政补贴的险种,自治区财政补贴不低于50%,减少县区财政保费补贴配套任务。

(二)增加特色农业政策补贴。2012年,中央"一号文件"指出,要加快发展农业保险,不断完善农业保险制度,鼓励地方开展特色农业保险业务,特别是针对老百姓的"菜篮子"产品,如蛋、肉、鱼、奶、蔬菜等。积极增加特色农业保险试点区域,增加特色农业保险试点品种,扩大特色农业保险覆盖面,如石嘴山市应增设制种、瓜菜、肉牛和水产业险种。

(三)建立病死畜禽无害化处理联动机制。加强典型赔案宣传,增强广大农民群众的参保意识,加强病死畜禽无害化处理的重要性和病死畜禽产品的宣传。建立病死畜禽无害化处理联动机制,适当提高补贴比例,简化补贴流程,将病死畜禽无害化处理落到实处,严防病死畜禽流入市场。

(四)进一步规范政策性农业保险工作。各经办保险机构要进一步规范农业保险业务管理,建立健全规章制度,细化承保理赔实务规程,在保险服务全流程做到有规可依、有章可循。成立联合查勘定损小组,及时查勘、合理定损、准确理赔。加强监督检查,对违法违规问题依据有关法规制度严肃查处。

(撰稿:王学文、张惠霞)

大力推动农业高质量发展 助推产业兴旺

——石嘴山市乡村产业发展现状与思考

　　党的十九大作出了实施乡村振兴战略的重大决策部署,这是新时期农业农村发展的指导方针,为今后一个时期"三农"工作描绘了光明前景、指明了努力方向。产业振兴是"五大振兴"之首,是乡村振兴的物质基础,也是解决农村一切问题的前提。作为国家"一五"时期布局建设的老工业城市,同时也作为首批资源枯竭型城市,石嘴山市在实施乡村振兴战略的过程中,依托区位优势,突出自身特色,把发展产业作为工作着力点,在产业兴旺上狠下功夫,探索出一条具有石嘴山市特色的乡村振兴之路。

一、基本情况

　　石嘴山市位于北纬38°21′~39°25′之间,是引黄灌区与内蒙古草原的过渡地带,属于典型的温带大陆性气候,具有日照充足、降水集中、蒸发强烈、空气干燥、昼夜温差大等特征。石嘴山市共有20个乡镇、2个涉农街道、195个行政村,全市共有耕地面积168万亩,农业人口20.35万人,占全市总人口25.3%。

　　近年来,石嘴山市始终把产业发展作为乡村振兴、富民增收的根本之策,坚持区域化布局、规模化经营、产业化发展,为经济社会发展提供有力支撑。截至"十三五"末,全市粮食总产量持续保持在50万吨左右,第一产业增加值达到37.27亿元,比"十二五"末增长31.3%、年均增长4%,农村居民人均可支配收入达到16405元,比"十二五"末增长47.5%、年均增长8.1%,连续五年增幅超过城镇居民。今年,全市农业经济发展持续保持稳中向好态势。目前,全市粮食种植面积108.42万亩,粮食总产量51.91万吨,奶牛存栏8.04万头、同比增长53%,肉牛饲养量13.49万头、同比增长28.36%,肉羊饲养量144万只、同比增长6.41%,瓜菜、制种、葡萄种植面积分别达到23万亩、9万亩、6880亩,形成了河东奶牛、宝丰肉羊、头闸种子、姚伏番茄、陶乐沙漠瓜菜等区域特色,全市年营业收入百万元以上的绿色食品加工企业达到111家,实现产值29.9亿元、同比增长

贺东庄园葡萄酒酒窖

18.2%,利润3.6亿元、同比增长16.1%,加工转化率达到73%。优质粮食、现代畜牧、特色瓜菜、葡萄酒、绿色食品"1+4"现代农业产业发展格局初步形成。

二、农业产业发展助推乡村振兴及存在的客观问题

(一)"1+4"产业虽然初具规模,但产业低端、产业链条短,地方品牌整合度不高,缺乏整体竞争力

1.在优质粮食产业上,石嘴山市是"宁夏大米"的主产区,有着丰富的土地富硒资源优势、品质优势和"企业+农户+基地"发展模式优势。近年来,通过政策引导、资金扶持等措施培育壮大了一批龙头企业、专业村和种植大户,逐步实现了优质粮食产业化、标准化、品质化、绿色化,粮食生产实现"十六连丰"。但优质粮食占比不高、品种品牌意识不强、重产轻销等问题制约了优质粮食产业高质量发展。

2.在现代畜牧产业上,石嘴山市地处西北内陆干旱地区,气候干燥、土地开阔、光照资源丰富,适宜发展草畜养殖。目前,现代畜牧产业带基本形成,全市奶牛存栏千头以上的牧场28个,肉牛肉羊产业大力推广"50·300"经营模式,发展50头以上肉牛养殖户(场)260家,300只以上肉羊养殖户(场)415家,种植优质牧草30万亩以上。虽然现代畜牧产业呈现较快发展趋势,但产业发展依旧缺乏龙头企业带动,肉牛肉羊饲养规模在全区处于较低水平,从标准化程度看,肉牛肉羊规模化率不到55%,总体上仍然呈现传统"小、散、低"的特征,产品竞争力不强,加工企业市场开拓能力弱,品牌建设力度不足,带动力不强。

3.在特色瓜菜制种产业上,全市蔬菜繁制种面积占全区86.5%,是农业农村部认定的"全国区域性蔬菜良种繁育基地",也是目前全国最大的绿色脱水蔬菜生产加工基地。目前,集研发、生产、加工、销售为一体的产业集群已经形成。全市从事瓜菜产业的农业经营主体120家以上,辐射带动了全市30%以上的农民从事蔬菜的种植、加工和营销,农民获得来自蔬菜产业的纯收入3400元以上,占农民人均纯收入的24%以上。但瓜菜产业面积小,总体产量低,自主创新能力不足,产业发展缺乏强有力的科技支撑,全市具有科研实力的育种企业仅有3家,占全市种子生产企业的12%,研发投入占销售收入的比重不足3%。品牌宣传和对外营销推介不到位,品牌创建滞后,产业发展还有较大空间。

4.在葡萄酒产业上,市委、市政府高度重视葡萄酒产业发展,制定印发了《石嘴山市葡萄酒产业高质量发展推进方案》,但由于全市葡萄酒产业起步晚、规模小,酿酒葡萄种植面积仅有6880亩,产业的规模化、标准化生产程度较低,辐射带动能力不强。一是发展空间有限。石嘴山市贺兰山东麓地域狭长,沿线分布有城镇、工业园区和水源地,可供开发种植葡萄面积不足5万亩,且"碎片化"严重,土地权属复杂,招商引资的吸引力不强。二是水源不足,水利设施短缺。规划新建的酿酒葡萄种植区域没有有效的水资源设施。

5.在绿色食品产业上,一是产业规模小。绿色食品加工企业规模小、带动能力弱,产值亿元以上的仅有1家。仓储保鲜冷链设施不配套、不完善,流通损耗严重。二是资金保障难。绿色食品企业流动资金占用量大,贷款融资难、还款压力大。新招引的企业用地审批周期过长,影响企业投资的积极性。三是技术人才少。企业研发经费占销售收入的比重仅为1%左右。高端和实用人才"双缺",从业人员大专以下学历占85%,研究生以上学历仅占1%。

(二)一二三产融合发展虽然初显成效,但发展程度低,产业缺乏深度融合,农业产业化整体水平不高

全年营业收入百万元以上的绿色食品加工企业达到111家,实现年产值34亿元、同比增长16%,加工转化率达到73%;休闲农业企业发展到68家,新培育五星级休闲农业企业1家,宁夏休闲农业示范农庄3家,乡村旅游接待游客66.8万人,营业收入1.31亿元;2021年全市农产品线上销售额达9706万元,同比增长32.6%。一二三产融合是农业产业化发展模式之一,也是深化农村改革、调整农业产业结构的路径,但还存在着一三产业链条体系不够完善等问题。表现在农业经营主体带动能力不强;农户与市场、城市和农村、现代工业和农业没有形

成有效链接机制；存在着产业融合的横向拓展、挖掘农业价值创造潜力不足，没有形成合作共赢共同体，许多农村的有效资源没能发挥作用；存在着产业缺乏深度融合，农业产业化整体水平不高，尤其是主导特色产业文化、特色产业与地域文化、特色产业与乡村休闲观光农业未能有机结合；存在着政策扶持力度不足，引领示范作用不明显，整体发展水平处于较低层次等问题。

（三）农业基础条件依然薄弱

石嘴山市在农业产业化发展基础条件上与中卫、吴忠相比差距较大。一是耕地质量差。全市耕地中70%为中低产田，农田地下水位高、灌排不畅，土壤盐渍化程度高，盐渍化耕地面积74.9万亩，土壤盐渍化严重制约农民增收和石嘴山市现代农业发展。二是水利设施建设滞后。全市位于引黄灌区末梢，农业排灌和用水矛盾依然突出，高效节水农业面积小，水资源利用率低，尤其是河东地区大片新开垦土地农田建设标准不高，灌溉困难，特别是春夏季节降水偏少，农业生产干旱严重，缺水仍然是制约全市现代农业发展的瓶颈之一。

三、加快农业产业化发展的几点建议

习近平总书记强调，中国要强，农业必须强；中国要美，农村必须美；中国要富，农民必须富。让农业强起来，让农村美起来，让农民富起来，事关"三农"中国梦的实现。立足新发展阶段，贯彻新发展理念，以深化供给侧结构性改革为主线，构建特色鲜明的现代农业产业体系、生产体系和经营体系，提高农业质量效益和竞争力。

（一）推进农业供给侧结构性改革。坚守国家粮食安全底线，深入实施五项计划，聚力打造"1+4"产业集群，优化产业结构和区域布局，创建现代农业示范区

1.实施粮食安全计划。全面强化和落实粮食安全党政同责和基本农田保护责任制，以"稳定总产，提高品质"为主攻方向，加快新一轮粮食作物品种优化更新，优化粮食品种结构，稳定粮食生产。加大优良品种和集成技术推广应用。小麦品种以宁春50号、宁春55号为主，主推"一喷三防"、小麦耕播一体化匀播等技术；水稻品种以宁粳48号、宁粳57号为主，积极引进"盐碱稻"种植，主推集约化育苗、稻渔综合种养等技术；玉米品种以先玉1225、宁单40为主，主推测土配方、培肥增密控灌等技术。致力打造高端粮食基地，加快培育强筋小麦、鲜食玉米等"优质专用粮食"和有机富硒大米、富硒面粉等"功能粮食"，建设"盐碱稻""有机富硒稻"、富硒小麦和优质专用玉米基地。培育壮大粮食合作社、家

庭农场、"粮食银行"等经营主体和农机合作社、植保公司、综合服务站等农业社会化服务实体,支持发展农业生产托管,提高粮食生产规模化、集约化、科技化水平。

2.实施现代畜牧业倍增计划。把畜牧业作为农业最强增长极,聚力攻坚,寻求突破。以河东地区为重点,将奶产业发展作为"一号工程",按照"两区、三基地"规划布局,坚持种养加一体化发展,集中打造河东现代奶业示范区,巩固发展河西奶牛养殖提升区,建设发展高端乳制品加工基地、优质奶源生产基地、优质肉羊标准化示范基地、优质饲草种植基地;坚持"引、育、繁、推"相结合,鼓励奶牛养殖企业进口良种荷斯坦母牛,支持规模奶牛场推广性控冻精、性控胚胎等繁育技术,提升自繁扩群能力;以标准化示范创建为抓手,支持规模奶牛养殖场配套机械设备,推进5G技术应用,推行智能化管理,提高奶牛养殖的现代化水平。将肉牛肉羊产业作为一项富民工程,以宝丰、灵沙等乡镇为重点,走小群多户、专业大户、规模养殖场同步发展,自繁自育和周转育肥相结合发展路子,逐步扩大优质肉牛肉羊养殖规模;加大肉牛肉羊品种改良力度,推广应用人工授精、胚胎移植等现代繁育技术,建设以湖羊为重点的肉羊良种繁育体系和以西门塔尔、安格斯为重点的肉牛良种繁育体系,不断提升良种化水平。

3.实施特色瓜菜转型升级计划。以沙漠瓜菜、越夏番茄、设施瓜菜为重点,以姚伏、城关、陶乐、庙台等乡镇为核心,推进规模化、标准化、集约化生产,建设一批自治区级"四好"设施农业园区和露地瓜菜"五优"基地。加大瓜菜新品种和新技术推广应用,主推抗病抗逆性强、品质好、耐储存、产量稳定、市场认可度高的优良品种,推广病虫害绿色防控、水肥一体化、秸秆生物反应堆等绿色生产技术。合理安排好日光温室、大中拱棚和露地蔬菜品种及茬口,提高主导产品四季生产和持续供应能力。加快发展瓜菜制种产业,打造沿109国道两侧蔬菜制种产业带,建设一批蔬菜良种繁育科技示范园区,逐步提升制种产业科技水平;扩大番茄、茄子、辣椒等茄果类蔬菜和杂交制种面积,压减叶菜、架豆等常规制种面积,降低常规制种占比,提升制种生产效益;办好种业博览会,提高知名度、扩大影响力。

4.实施葡萄产业培育计划。把葡萄酒产业作为重点特色产业进行培育。以贺兰山东麓为重点,集中开发利用山坡地,规划建设罗家园子、红果子、崇岗暖泉三大酿酒葡萄种植基地,改造提升低产低效酿酒葡萄基地,升级改造西御王泉酒庄。坚持"好酒是种出来的"理念,积极引进西拉、马瑟兰等国外优质新品种,大力推广露地越冬葡萄种植新技术,建立健全葡萄种植园建设技术标准和酒庄酿酒工艺技术标准,进一步提升酒品品质。

5.实施绿色食品加工提升计划。坚持绿色兴农、质量兴农,大力推进绿色食品生产加工,全力打造农业全产业链条。加快园区建设,提升惠农区农业高新技术产业示范区建设水平,平罗县轻工园区跻身自治区十大农产品加工园区,规划建设平罗县绿色农产品加工流通产业园区、通伏大米加工园区、高端乳制品加工园区和大武口区绿色食品加工园区配套完善基础设施和公共服务设施,引导和推进企业向园区集中。培育龙头企业,以粮油、畜禽肉、乳品、瓜菜、葡萄酒等绿色食品加工为重点,支持企业技术改造升级,开发高端产品。推进绿色标准化基地建设,支持建设优质粮食、瓜菜、酿酒葡萄标准化种植基地,大力发展奶牛、肉牛、肉羊智能化、规模化、标准化养殖场,集成推广应用先进技术。加大招商引资力度,支持农业经营主体和工商资本从事绿色食品加工业;培育发展以液态奶和婴幼儿配方奶粉为主的乳制品,以葡萄酒为代表的佐餐食品,以富硒农产品为原料的功能、休闲、方便食品;积极培育能够带动农民增收的特色小吃、手工制作、民间艺术、乡村文化等产业。

(二)推动农业高质量发展。以提高农业质量效益和竞争力为目标,推进"六大工程"建设,补齐补强农业农村发展的短板弱项,加快农业农村现代化步伐

1.实施科技兴农工程。深入开展"三百三千"科技服务行动,加大引进和推广新品种、新技术、新模式、新标准和新设施力度,着力提升农业科技应用水平。积极推进"智慧农机"与"智慧农业"融合发展。加快推进粮食作物全程全面高质高效机械化进程。重点推广耕地深松(翻)、秸秆还田离田、精量施肥、无人机统防统治,积极发展蔬菜移栽、大棚微耕、节水灌溉等小型园艺机械,推进作物品种、栽培技术和机械装备集成配套。建设农业现代化示范区,提升国家农业科技园区和自治区农业高新技术产业示范区建设水平,积极创建农业科技创新平台、农业创业园、创业创新示范基地,培育农业科技型企业,推动科技合作交流,强化科技成果转化,打造农业科技创新、技术示范、成果转化和农业高新技术产业发展的先行区。实施农科教、产学研融通创新工程,积极引进培育农业高层次人才,制定激励农业科技人员创新创业政策,推动园区、企业和区内外科研院所、高等院校共同组建产业技术创新联盟,建立科技试验示范基地,在"盐地农业""富硒农业""智慧农业""绿色食品"加工等方面开展关键技术攻关、

新产品开发,为农业现代化发展提供科技支撑。

2.实施农业绿色高效发展工程。持续推进"一控两减三基本",加强产地环境保护,严防工业和城镇污染向农业转移,控制好外源性污染。实施化肥农药减量增效行动,着力推广测土配方施肥和绿色防控及水肥一体化技术。实施秸秆粉碎深翻还田和打捆收储加工项目,切实提高秸秆综合利用率。完善废旧地膜和农药包装废弃物回收和集中处理制度,全面推广标准地膜和可降解地膜,有效控制田间地头"白色污染"。加大规模化畜禽养殖场(区)粪污处理设施设备提标改造力度,全面推行畜禽养殖废弃物资源化利用,实现种养循环。推广水产绿色健康养殖技术,加快推进渔业养殖尾水治理,开展河湖水系连通和渔塘清淤整治,强化湿地保护和恢复。优化农产品产地环境,有效提升产品品质。提高绿色发展支撑能力,健全农产品质量安全监管、重大动物疫情防控、畜禽屠宰监管、病死畜禽无害化处理体系。

3.实施农产品品牌培育工程。积极打造以地理标志为重点的区域公用品牌,大力发展绿色有机农产品生产,遴选推介一批质量好、叫得响、影响大的农产品品牌。以"珍硒石嘴山"农产品区域公用品牌为引领,培育壮大"惠农脱水菜""平罗沙漠西瓜""黄渠桥羊羔肉"等地理标志品牌。鼓励行业协会、龙头企业、经营主体打造自主品牌,加大品牌线上线下推广和营销力度,不断提升品牌形象和品牌影响力。充分发挥全市富硒资源优势,加快培育富硒农产品品牌,创建"全国富硒农业示范基地"。开发利用盐碱地,变资源劣势为优势,发展盐碱地农牧业,培育碱性功能农产品。加大农产品对外推介、展销和外销窗口建设力度,完善产业关键环节技术标准,鼓励支持龙头企业、专业合作社等新型经营主体与销售市场质量标准对接,开展标准化生产,引领带动产业提质增效。完善农业投入品经营台账制度和农产品质量安全二维码可追溯体系建设,全面推行食用农产品合格证制度。深入推进农业综合行政执法改革,促进农业综合执法体系与农产品质量标准体系、农产品市场流通体系信息共享和互联互通。

4.实施高标准农田建设工程。全面落实最严格的耕地保护和永久基本农田特殊保护制度,坚守耕地红线,强化用途管制,建立健全基本农田土地整理复垦长效机制。实施耕地质量提升行动,开展以沟道清淤、渠道砌护、畦田建设为重点的高标准农田建设项目。实施沃土工程,全面推行增施有机肥、绿肥种植、秸秆灭茬还田和过腹还田等"养地"措施,不断提高土地综合生产力。合理开发利用盐碱地资源,通过草畜一体化、稻渔共生等模式,实现盐碱地高效利用。实施农业基础设施改造升级工程，集成良种良法配套应用，提高综合产出效益。落实"四水四定"要求，推进现代化节水灌区建设，结合瓜菜、制种、枸杞、葡萄酒等特色优势产业发展，推广喷灌、滴灌、管灌、渠灌、激光平地和水肥一体化精准灌溉技术，实现农作物优质高产、水资源高效利用"双赢"。

5.实施新型农业经营主体培育壮大工程。充分发挥农业多种功能，开展农民合作社规范提升行动，支持带动新型经营主体开展专业合作、股份合作、联合体创建，培育各类种养大户、家庭农场、专业合作社。构建企农利益联结机制，引导企业与小农户建立契约型、分红型、股权型等合作方式。推动龙头企业建立现代企业制度，鼓励兼并重组、集群集聚，组建联合体。鼓励工商资本到农村发展适合产业化、规模化的农业项目。构建公益性服务与经营性服务相结合、专项服务与综合服务相协调的农业社会化服务体系。实施农民高素质提升培育工程，培育造就一支适应农业农村现代化发展要求的现代农民队伍。建立"经营主体+职业经理人+高素质农民"生产经营体系，培育一批"一懂两热爱"乡村管理人才、农村实用人才、致富带头人、现代农业职业经理人和农技推广服务骨干队伍。

6.实施一二三产业融合工程。充分发挥农业多种功能，构建链条完整、功能多样、业态丰富、利益联结紧密的农村产业融合发展体系。发展多类型农村产业融合方式，鼓励家庭农场、加工企业、农民合作社等经营主体前延后伸延长产业链条，健全生产、加工、仓储保鲜、冷链物流、电子商务等全产业链，加快推进农村产业融合发展。完善利益联结机制，积极发展"公司+合作社+农户""公司+基地+农户"等农企融合共赢模式，带动农民参与融合发展，实现稳定增收。实施农产品加工业提升行动，引导各类农业产业化龙头企业依托区域特色产业，向优势产区、加工园区集中，因地制宜组建产业化联合体。健全农产品流通体系，加大农产品仓储、冷链、包装、配送等流通设施建设，建设现代化农产品物流体系。加快乡村旅游全域化发展，大力推进农业与旅游、教育、文化、康养等产业深度融合，着力培育一批乡村旅游精品、产业融合发展示范园，实现多业态融合发展。着力推进农村电商全域化发展，培育壮大农村电商主体，加强基础设施建设，完善公共服务体系。

（撰稿：高全伟、丁　丽）

石嘴山市2021年上半年农业经济形势分析

　　2021年上半年,全市农业农村部门认真贯彻落实中央、自治区和市委、市政府关于"三农"工作部署,全力抓好农业生产,着力保障农产品有效供给,持续提升农业质量效益和竞争力,农业经济总体呈现稳中有进、稳中向好的发展态势。

　　一、主要指标完成情况

　　(一)农业经济发展情况。上半年,全市农林牧渔业总产值16.36亿元,增长8.8%,增速居全区五市第三,比全区平均水平低0.9个百分点。

　　分县区看:平罗县10.03亿元,增长10.6%,增速居川区十三个县区第五,拉动全市增长6.1个百分点;惠农区4.93亿元,增长7.8%,增速居川区十三个县区第八,拉动全市增长2.7个百分点;大武口区1.39亿元,增长0.7%,增速居川区十三个县区第十一,对全市农业增长的贡献基本为零。

　　分产业看:种植业实现产值1.58亿元,同比下降0.6%,对全市农业没有拉动作用;畜牧业实现产值11.6亿元,同比增长14.1%,拉动全市农业增长8.9个百分点;林业实现产值0.2亿元,同比下降21.1%,拉低农业0.1个百分点;渔业实现产值2.2亿元,同比下降4.2%,拉低农业0.2个百分点;农林牧渔服务业实现产值0.8亿元,同比增长4.2%,拉动农业增长0.2个百分点。

　　(二)农村居民人均可支配收入情况。上半年,全市农村居民人均可支配收入7589元,同比增长12%,增速居全区五个地市第三,比全区平均水平低1.5个百分点。

　　分县区看:大武口区6926元,增长11.1%;惠农区7454元,增长10.4%;平罗县7745元,增长12.6%。

　　分收入构成看:工资性收入3337元,同比增长12.2%,增收贡献率为45%;经营净收入3068元,同比增长12.8%,增收贡献率为43%;财产净收入87元,同比增长23.2%,增收贡献率为2%;转移净收入1095元,同比增长8.6%,增收贡献率为11%。

二、农业经济运行情况分析

上半年，全市农业增长和农民收入增速全部在全区排名第三，两个指标都低于全区平均值，有客观原因，也有我们工作落实不到位的问题，下面我从三个方面进行分析。

（一）从农业投资看，2021年以来，全市认真落实"六争两招两引"工作部署，加快推进奶牛、肉牛肉羊等重点特色产业项目建设，农业投资持续保持高速增长态势。上半年，全市农业产业投资增长1.74倍，拉动全市固定投资增长5.2个百分点，投资对农业发展的带动作用明显。

（二）从产业发展看，上半年呈现"二增三降"的特点。一是畜牧业发展势头强劲，同比增长14.1%，主要是奶牛发展迅猛，存栏增长65.6%，肉牛、肉羊、生猪快速发展，出栏率分别增长17%、18.1%、11.7%，均呈两位数增长，对农业增长拉动作用明显。二是农林牧渔服务业稳步增长，同比增长4.2%，主要是全市疫情逐步稳定，加上乡村振兴战略深入实施，聚力发展9大重点特色产业等政策的带动，农村服务业稳步回升。三是种植业略有下降，同比下降0.6%，主要是2020年下半年以来玉米价格大幅上涨，种植效益增加，部分农户增加了玉米种植面积，减少了蔬菜种植面积（全市蔬菜种植面积同比减少11%），将种植业产值转移到下半年，致使上半年种植业产值小幅下降。四是渔业小幅下降，同比下降4.2%，主要是水产品出塘减少、产量下降。五是林业大幅下降，同比下降21.1%，主要是林木苗圃、经果林面积减少。

（三）从农民增收情况看，在全市经济较快增长的带动下，上半年农村居民可支配收入持续增加，构成农民收入的四个因素同步增长。一是工资性收入恢复性增长，同比增长12.2%，主要是2020年上半年受疫情的影响，农民外出就业减少。2021年全市疫情稳定、经济形势良好，农民外出务工总量和收入水平实现双增长，农村居民工资性收入实现恢复性增长。二是经营净收入快速增长，同比增长12.8%，主要是全市农业经济总体向好，特别是畜牧业快速发展，带动农民增收作用明显，加上部分农产品价格上涨，提升了农业效益，农村居民经营净收入增长较快。三是财产净收入稳步增长，同比增长23.2%，主要是农村土地流转租金比2020年有所提高,土地流转收入增加,带动农村居民财产净收入稳步增长。四是转移净收入小幅增长,同比增长8.6%,主要是2021年以来农村居民养老金、社会保险补贴、就业补助等标准有所提高,增加了农村居民转移净收入。

三、影响下半年农业发展的不利因素

虽然上半年农业生产目标基本实现时间过半、任务过半,但影响农业增长的不利因素很多,完成年度目标任务的压力仍然较大。

一是农资价格上涨,影响种植业收益。受原材料价格、物流成本等各类因素影响,化肥均价同比上涨23%,农膜价格上涨30%左右,种粮成本和种菜成本分别上涨50元/亩和200元/亩,农民的种植成本增加,经济效益降低,种植业增长将受到影响。

二是畜禽价格下滑,影响养殖业发展。因生猪产能恢复,出栏量增加,猪肉价格比年初下降了近50%,部分养殖场户陷入亏损,同时牛羊肉价格与年初相比呈现小幅下降趋势,畜禽仔幼畜、玉米、成品配方饲料等价格均有所上涨,致使养殖成本上升,降低了养殖的效益,畜牧业快速发展将受到影响。

三是病虫害偏重发生,种植业增产难度大。受极端天气影响,今年夏季持续高温,部分玉米、蔬菜、葡萄、枸杞等作物受旱,导致产量减少,同时高温引发玉米黏虫在全市中度发生,可能引起蚜虫、叶螨等病虫害发生发展,种植业增产存在一定难度。

下半年,石嘴山市农业农村局始终坚持目标导向和问题导向,全力抓好农业增效和农民增收两大任务。

(一)全力打好防灾减灾保卫战。针对下半年种植业生产形势,首先要把农业防灾减灾工作抓实抓细,要加大监测预警和病虫害预测预报,细化实化农业防灾减灾预案,积极开展技术服务,落实防灾减灾工作措施,重点做好玉米黏虫、蚜虫、水稻稻瘟病等重大病虫害防控,实现"虫口夺粮"。其次要指导各类社会化服务组织做好统防统治服务,充分发挥社会化服务组织科技服务作用。三是要指导农民和农业经营主体大力实施测土配方施肥、绿色防控等先进适用技术,加强秋粮秋菜田间管理,确保粮食总产50万吨以上,瓜菜亩均效益增加10%以上。

(二)全力保持畜牧业发展好势头。积极推进新建、改扩建养殖场项目建设进度,做好跟进服务,争取早日建成投产。加快牛羊补栏进度,帮助养殖户提振

信心。抓好饲草供给,用好国家"粮改饲"、优质高产苜蓿示范项目等补助政策,确保优质饲草供应充足。抓好畜禽重大疫病防控,高效养殖、节本增效、杂交改良等先进适用技术,鼓励规模养殖场改造升级、扩群增量,提升养殖水平,保持畜牧业快速发展的好势头,力争全市奶牛存栏头数达到10万头,肉牛和肉羊饲养量分别达到15万头和150万只。

(三)全力抓好农产品加工销售。大力发展粮食、牛羊肉、蔬菜精深加工,延长农业产业链,提高农产品附加值。鼓励农产品流通企业加大分拣、包装、冷链物流等建设,持续降低物流成本,确保农产品流通渠道通畅,疏通"田间地头直达餐桌"的关键堵点,保障农产品"卖得出"。发挥"电商+品牌"的乘数效应,持续打造"珍硒石嘴山"区域公用品牌,借助全国蔬菜经销商走进宁夏云推介、宁夏品质中国行系列活动、宁夏第八届种博会等平台影响力,不断扩大本市农产品知名度。抓好电商进农村综合示范项目建设,加大农产品推介、展销和外销窗口建设力度,激发消费者潜在需求,持续提升农产品营销效率和质量,力促农产品"卖得好"。

(四)全力抓好农民就业创业。落实好农民工就业创业政策,加大农村劳动力职业技能培训,不断提高农民就业创业能力。加强农民工就业创业服务,积极培育农村劳务中介组织和经纪人队伍,搭建用人单位与农村劳动力交流互通平台,多渠道、多形式向农村劳动力推送用工信息,千方百计扩大农民外出务工就业规模。引导更多有知识、懂技术、会管理的"新农人"返乡创业。持续开展拖欠农民工工资清零行动,按时足额兑付农民工工资,提高农民工就业稳定性和权益保障。

(五)全力扩大农业投资。加快推进项目建设,重点推进利垦牧业、惠农区绿色农产品加工园区、高标准农田建设、盐碱地改良等项目建设,力争项目早建成、早投产、早见效。认真落实"六争两招两引"工作部署,抓紧对接伊利、金河乳业等16个在谈项目,争取早日落地。围绕"9+3"重点特色产业,谋划、招引一批影响力大、带动力强的大项目好项目,力争招商引资达到1.5亿元,增长10%以上,为农业农村加快发展增添后劲。

(撰稿:陈志远、刘　茜)

石嘴山农村经济发展调研报告（2021）

农村经营制度改革篇

坚持扩面提速集成　纵深推进农村改革

　　农村改革是乡村振兴的重要法宝。近年来,石嘴山市紧扣全面建成小康社会和乡村振兴目标,认真践行新发展理念,持续深化农村领域改革,积极探索,大胆实践,先后承担了6项国家级和18项有关部委农村改革试点任务,全面推进农村经营制度、农村土地制度、集体产权制度改革,有效盘活了农村资源要素,激发了乡村发展内生动力。

　　一、稳定承包权,放活经营权,持续释放农村土地潜能

　　全面落实《中共中央国务院关于保持土地承包关系稳定并长久不变的意见》等政策,加快推进农村承包地所有权、承包权、经营权“三权分置”,建立了农村土地征收、确权抵押、规范流转、纠纷仲裁等土地制度,妥善处理好农民与土地的关系。一是推动土地流转,促进适度规模经营。制定出台了《工商资本租赁土地从事农业生产经营准入监管暂行办法》,建立了经营主体准入、监管、考评、扶持、退出机制和颁发农村土地流转经营权证书制度,严格规范土地流转程序,鼓励发展家庭农场、农民合作社和社会化服务组织,积极推动土地流转,全市土地流转面积达59万亩,占耕地面积的51%,土地经营权有效放活,土地潜能

进一步释放。二是赋予融资权能，激活产权抵押贷款。制定了《农村"三权"抵押贷款管理办法》，赋予土地承包经营权、林权等9项抵押融资权能，设立了农村产权抵押贷款风险防范基金，建立了农村土地产权价值评估机制，推行各类产权抵押和信用评级"捆绑式"贷款模式。全市累计办理农村各类产权抵押贷款2.52万笔14.82亿元，为农户和农业新型经营主体提供了有力的金融支撑。三是推进"一块田"改革，实现土地集约化经营。结合高标准农田建设、盐碱地改良项目等，引导农户按确权土地总面积重新划分地块，采取调田整垱、互换并地、重新划分等方式，将零散"小块田"变为成方连片的"大块田"，累计调整农村承包地4.6万亩，有效地解决土地"碎片化"问题。

二、明晰权属，还权于民，不断增强农村集体经济发展活力

在全区率先完成清产核资、成员确认、股权配置、合作社登记赋码等产权制度改革任务，形成了"四确四定"（确权定资产、确员定股东、确股定归属、确管定经营）、"三变三不变"（资源变资产、资金变股金、农民变股东，保证农民集体所有性质不变，农民拥有的合法收益权不变，农民对土地的承包关系不变）等可操作、可复制、可推广的制度成果和经验。一是摸清村集体"家底"。分类核实集体资产，对村集体资金、资产、资源进行清查盘存，全市195个行政村核实村集体资产7.92亿元，其中经营性资产3.73亿元，资源性资产4.19亿元。二是合理配置成员股权。科学确认集体成员身份，多元方式配置成员股，平罗庙庙湖村创新性地开展"投改股"，将政府投资建设的养殖场、设施温棚、村集体土地等经营性资产和土地收益全部折股量化，通过创办合作社和入股、参股农业企业等形式，采取"龙头企业+合作社+贫困户"方式，大力发展高效种养业，同时将股权分为基本股、家庭股、贡献股、救助股，实现村集体资产"人人持股"，让不同集体成员都能受益。2020年村集体实现净收益142.16万元，分红109.4万元。三是发展壮大集体经济。以中央自治区扶持壮大村级集体经济项目为抓手，通过发展特色产业、乡村物业和生产生活服务业等项目，探索形成特色产业带动、租赁经济发展、整合资金自主经营、村企合作共同发展、盘活资源融合产业、人才引领带动6种集体经济发展模式，不断壮大村级集体经济实力。全市年经营性收入10万元以上村子达到114个、占村总数的58.5%，全市已有60个村实现股份分红，分红金额超过2000万元，村集体经济逐步从单一走向多元，夯实了村级组织自我"充电"和"造血"功能，为乡村振兴奠定了坚实的经济基础。

三、强化管理，规范使用，加快推进农村闲置宅基地再利用

探索农村宅基地所有权、资格权、使用权"三权分置"有效实现形式，严格落实"一户一宅"规定，稳步推进农村宅基地制度改革。一是建立农村宅基地管理体制机制。创新推行"超占有偿使用、新增有偿取得、审批县域统筹、退出政府补贴"的新型宅基地管理机制，有效解决了宅基地管理粗放、空置率高、农户违规超占和非法转让等问题。二是盘活利用闲置宅基地。结合农村人居环境整治、"空心村"拆除、生态移民工程、美丽乡村建设等，采取有偿退出、异地置换、归并整合，以及对暂不建房的农户颁发宅基地资格权证等方式退出闲置宅基地，切实保障退出房地农民合法权益。退出后的闲置宅基地进行综合整治利用，主要用于生态移民安置、复垦复耕、发展农村二三产业、转为养殖用地等，实现与乡村产业发展有机结合。建设用地指标也可用于上市交易，补充了乡村振兴资金需求。平罗县灵沙乡胜利村将空心庄点整治和大庄点建设紧密结合，对5个空心庄点进行拆除退出，建设生态宜居"一村一庄"示范点。今年以来，全市累计征收整治农村闲置宅基地714宗、2432亩，全部进行复垦复耕或用于发展农村二三产业，有效提高农村闲置宅基地利用率。三是探索农村集体经营性建设用地入市。制定农村集体经营性建设用地入市方案，按照"控制增量、盘活存量"的原则，明确村委会为入市主体，确立了"村委会申请、地价评估、民主决策、乡镇审查、部门审核、政府审批"的土地入市工作流程。建立增值收益分配机制，探索建立差别化的土地增值收益分配机制，赋予农村集体经营性建设用地出租、抵押、作价入股、转让等权能，实现与国有建设用地"同权同价"。累计入市交易126宗860.32亩，出让价款5514.17万元，村集体分享土地增值收益1652.78万元，盘活了农村闲置宅基地和建设用地，增加了村集体经济收入，为农村新产业新业态发展提供了用地保障。

尽管全市农村综合改革取得了较好的成绩，但还存在着县区改革进度不平衡、集体资产经营管理水平不高、各项改革衔接不够紧密等问题。下一步，全市将认真贯彻落实习近平总书记关于实施乡村振兴战略的重要论述和中央、自治区农村工作会议精神，持续深化农村改革，健全城乡融合发展机制，推动城乡要素平等交换、双向流动。一是全面完成平罗县二轮土地承包到期后延包30年国家级试点任务，稳妥推进农村承包地"长久不变"政策落地落实。二是以平罗县农村宅基地制度改革试点为抓手，积极探索宅基地所有权、资格权、使用权"三权分置"有效实现形式，健全完善宅基地管理机制，切实保障农村集体经济组织成员依法享有的权益。三是巩固国家级农村集体产权制度改革试点成果，不断壮大村级集体经济实力，完善双层经营机制，增强村级组织为民办事能力。四是探索推进平罗县集成农村改革试验试点取得新成效，实现农村各项改革相互衔接，打通堵点、连接断点，解决难点、痛点，发挥农村改革叠加效应，充分释放改革红利，为全面推进乡村振兴增添新动能。

（撰稿：王晓斌、史　林）

深入推进土地权改革
促进土地资源盘活增值

　　自治区党委系统集成推进用水权、土地权、排污权、山林权"四权"改革，充分体现了以全面深化改革抢先机、育新机、开新局的政治魄力，以重点领域改革破瓶颈、转动能、增效益的政治担当。深入推进土地权改革，完善土地要素市场化配置，是健全社会主义市场经济体制，推动经济高质量发展的关键性、基础性改革。平罗县作为自治区确定的土地权改革重点县，我们将坚决贯彻落实自治区党委决策部署，自觉扛起推进改革的主体责任，聚焦土地权重在盘活增值，下好改革先手棋，打好改革主动仗，为全区土地权改革树立标杆，为先行区建设注入新的强劲动力。

　　一、持续扩权赋能，释放土地权改革效益

　　（一）盘活土地资源，提升农村吸引力。探索农村承包地和宅基地"三权分置"有效实现形式，着力解决农村集体土地利用低效的问题。一是加大集体土地规范管理力度，全县确权耕地95.31万亩，其中二轮承包地以外种植集体土地

49.31万亩,适度规模经营面积47.4万亩,占耕地面积的49.8%。引导农户将3万亩零散地块通过调整互换形成"一块田",实现了土地经营规模集约化转变。二是建立宅基地"超占有偿使用、转让政府补偿、审批县域统筹、新增多元保障"的管理新机制,颁发集体土地所有权证144本、房地一体不动产权证59345本、宅基地资格权证33本,登记非集体经济组织成员租赁使用167户,为宅基地"三权分置"奠定了基础。三是对19个"空心村"857宗闲置房地退出整治,建设灵沙乡"一村一庄"示范点,鼓励已退出房地和有退房意愿的农户向中心村集聚,闲置建设用地通过复垦、调整入市、租赁等实现高效利用。四是探索集体经营性建设用地"直接入市、调整入市、优先入市、整治入市"四种入市方式,激活土地要素市场,为农村新兴产业提供用地保障,累计入市交易126宗1029亩6600万元,村集体分享土地增值收益1994万元。

（二）赋予土地权能,增强农民获得感。拓宽新型集体经济发展路径,创新集体收益分配机制,着力解决农村集体经济薄弱和农民收入单一的问题。一是农村产权确权颁证种类达13项,科学认定24.03万农村集体经济组织成员身份,全面开展村集体资产清产核资,明晰集体所有产权关系。二是明确股权设置以成员股为主,集体股不超过15%,成员股由基本股、家庭股、贡献股和救助股构成,量化资产总额5.58亿元,配置总股数30.18万股,颁发股权证6.29万本,赋予集体经济组织成员更加清晰的集体资产权利。三是充分发挥村集体经济组织在闲置农房收储、集体经营性建设用地入市中的主体作用,根据资源禀赋发展农业服务型、股份合作型等8类经营模式,引导村集体经济组织与农业企业、农民专业合作社等合作发展,全县107个村集体经济组织实现经营性收入3100万元,实现了集体和农民双赢。四是推广"互联网+"服务模式,通过手机APP实现申请、审批、办理农村产权抵押贷款和农村产权流转交易一站式服务,农村产权流转交易规模稳步增长。

（三）提高土地质效,注入农业新动能。探索创新农业投融资体制机制,健全完善农业特色产业政策支持体系,着力解决农业融资难融资贵的问题。一是赋予9项农村产权抵押融资权能,建立协商评估机制,完善风险防范和抵押物处置机制,探索各类产权捆绑抵押,累计办理农村各类土地产权抵押贷款2.55

万笔15.3亿元,有效拓宽了农业融资渠道。二是探索开展"订单农业+保险+期货+融资"改革试点工作,以合同形式约定玉米种植标准和价格,引导农户、家庭农场、流通大户参与农产品价格保险,通过期货交易抵御市场价格波动风险。三是通过政策扶持和技术支持培育各类新型农业经营主体和社会化服务主体1047个,评定星级经营主体62个,260家新型农业经营主体利用设施农业用地使用权、村集体经营性建设用地入市不动产权等办理抵押贷款2.65亿元,激发了农业经营者的动力和活力。四是鼓励新型农业经营主体和村级集体经济组织开展农业代耕代种、生产托管、股份合作、订单农业等多元化农业生产经营和社会化服务,引导新型农业经营主体通过租赁或入市使用规划保留村庄闲置房地,从事二三产业,带动全县30%村集体发展"一村一品"。

通过改革,明晰了农村各类权属,保障了农民合法权益,规范了农村土地流转交易,盘活了农村闲置资源资产,探索形成了土地使用规范管理、闲置宅基地退出整治、产权自愿有偿退出转让、集体经营性建设用地多元入市等机制。深入推进土地权改革有基础,有优势。但也存在着土地用途管制不严格、投入强度不足、利用效益不高、盘活利用渠道不宽、内在价值没有得到充分挖掘和释放等突出问题。

土地权改革关乎生产、生活、生态三大空间,关系过去、现在、将来三个维度,关联国家、集体、个人三方利益,关涉改革、发展、稳定三项关系。我们将按照"盘活土地资源、保障市场供给、提高配置效率、守住耕地红线"的改革思路,通过集成改革做好土地权盘活增值,提高土地综合利用效益,补齐短板弱项,走出一条高质量发展新路子。

二、紧扣盘活增值,推动土地权改革提质增效

(一)探索城乡用地规划新方向。落实好规划设计是土地权改革的先决条件,必须要定好盘子、建好骨架。一是对接区市国土空间规划,着眼厘清土地边界、优化用地空间,科学划定生态保护红线、永久基本农田、城镇开发边界三条控制线,以建设农村改革试验区为依托,统筹指导农村各类建设活动,年完成县域国土空间规划和"多规合一"实用性村庄规划编制。二是探索规划"留白"机制,确保城镇空间边界安排不少于10%的建设用地指标,村庄规划安排不少于5%的建设用地机动指标,为重点产业发展、农村新产业新业态和生态保护修复等预留弹性空间。三是强化国土空间用途管控,探索建立国土空间规划实施评估和动态监测预警机制,强化分区分类管控、目标指标管控、责任分级管控,实行最严格的耕地保护制度,坚决遏制耕地"非农化""非粮化",确保耕地数量不减少、质量有提升。

(二)明晰土地所有权属新路径。实现土地从自然资源向市场资源转变,关键是要确权到户到人。一是加快国有农用地、农业设施用地、流转土地等清理规范步伐,对清理规范后的农业种植用地、农业设施用地和林地等,经核实面积重新签订规范合同的颁发权证。二是全面完成农村集体土地所有权确权颁证,探索农村土地承包经营权、房地一体不动产权、农户股权等产权统一登记,实现"一户一证"。三是扎实推进二轮土地承包到期后延包试点任务,探索国有农用地承包经营权确权登记路径,生态移民迁入区和自主迁入区农民集体使用的国有农用地,依法依规确权登记。四是开展农村集体建设用地摸底调查,一村一梳理、一地一确认,查清所有地块坐落、四至、权属、性质,依法对集体经营性建设用地、公益性建设用地予以确权。建立土地使用确权登记颁证数据库信息系统,实现颁证成果的数字化、信息化管理。

(三)赋予土地权能使用新价值。确权是前提,赋能是关键,扩权赋能实现土地权价值发现、转化增值。一是深入推进承包地"三权分置",促进土地流转、托管、代耕代种等多种形式的适度规模经营,培育壮大新型农业经营主体,巩固拓展土地经营管理制度改革成果。持续推进"一家一田"改革并逐步拓展试点范围,解决土地零碎化问题。二是稳妥推进"空心村"退出整治和姚伏镇、灵沙乡等中心村示范点建设,引导村集体经济组织通过收储农户闲置房地整治发展乡村二三产业,健全完善退出农民和新增宅基地审批农户住房需求多元保障机制,逐步实现"一村一庄"。三是持续推进农村存量经营性建设用地和闲置宅基地退出后入市交易,探索乡镇政府驻地符合规划的宅基地"前商后宅"分割入市、设施农业用地划片入市,以及土地投资经营公司、村集体经济组织、农业合作社、土地股份合作社等多主体"自主入市""委托入市""合作入市"模式,赋予入市后土地和地上附着物抵押融资权能。

(四)激发土地高效利用新活力。高效使用土地是推进土地权改革、实现土地增值的重要步骤。一是健全设施农业用地风险评估机制,对村集体股份经济合作社和经营主体利用集体土地建设的温棚、仓储、鱼池、圈舍等地上附着物,颁发农业设施使用证并赋予抵押融资权能。二是引导村集体经济组织利用集体土地发展农产品加工流通、休闲观光等新产业新业态,发展"一社一型"。适当提高二轮承包地以外的集体土地和集体连片50亩以上荒地承包费标准,不断提高集体土地利用效益。三是建立低效用地、"僵尸企业""散乱污"企业以及涉法涉诉企业用地联合处置机制,对违法转让、使用的土地依法收回,对供而未建、圈而未用、建而未用等土地,采取限期开发、征收土地闲置费、无偿收回等方式盘活利用,推进城乡低效用地整治利用。四是探索建立工业用地市场化整治机制,通过引入市场主体、一体推进生态修复和土地开发利用,或政府整体修复后公开拍卖、由市场主体开发利用,重点盘活平罗工业园区、西大滩片区退出煤炭加工的近5000亩国有、集体土地,推进工矿废弃地整治利用。

(五)构建城乡统一用地市场新格局。市场交易平台是推进土地要素市场化配置改革的重要一环。一是成立平罗县土地投资经营公司,设立土地收储基金,制定指标交易管理办法和实施细则,重点实施农村闲置房地收储整治、复垦耕地指标交易,促进城乡用地一体化。二是规范国有建设用地一级市场,严格执行网上交易、招拍挂等规定;对接石嘴山市二级市场交易管理平台,完善农村产权交易中心功能,构建集信息、服务、交易、监管等于一体的市场交易体系,公开公正、依法依规开展市场交易。三是依托自然资源部出台的支持宁夏先行区建设的《政策意见》,积极争取将平罗县列入全国土地指标交易试点范围,推动一定数量的县域内补充耕地指标和城乡建设用地增减挂钩节余指标实现跨区域交易,实现闲置低效土地盘活增值。四是实施工业园区企业亩均效益评价,依据投资强度、产出效益、亩均税收等评价结果对企业分等定级,在项目资金、金融服务、土地供应等方面实施差别化政策,倒逼企业提高土地产出效益,力争到2025年实现土地综合利用效益走在全区前列。

(撰稿:顾思伟、马晓芳)

深化农村土地制度改革
唤醒农村沉睡资源

近年来,全市紧扣全面建成小康社会和乡村振兴目标,用好用活用足农村改革这个法宝,积极探索,大胆实践,先后承担了6项国家级和18项有关部委农村改革试点任务,持续深化农村土地制度改革,有效盘活了农村土地资源,激发了乡村发展内生动力。

一、完成情况及成效

(一)农村承包地"三权分置"制度逐步完善,构建了新型经营体系。坚持统筹谋划、稳步推进,加快推进农村承包地所有权、承包权、经营权"三权分置"。一是落实所有权,全面落实《中共中央国务院关于保持土地承包关系稳定并长久不变的意见》等政策,始终坚持农村土地集体所有权的根本地位,农民集体所有的土地依法由村集体经济组织或者村民委员会发包,承包地实行合同管理。二是稳定承包权,在全区率先完成了农村承包地确权登记颁证工作,确权面积128.79万亩,共颁发土地承包经营权证书8.73万本,颁证率达98.1%。抓好平罗县二轮土地承包到期后再延长30年试点,在7个村探索二轮土地承包到期后延

宁夏华泰农农业科技发展有限公司流转陶乐镇庙庙湖村5000亩沙漠荒地发展沙漠瓜菜产业

包的具体办法。三是放活土地经营权,出台《农村土地经营权有序流转发展农业适度规模经营的办法》,赋予新型农业经营主体更多的土地权能,完善其在财政、信贷、保险、用地、项目扶持等方面的政策,促进了全市新型农业经营主体蓬勃发展,目前,全市共培育了488个农民合作社,468个家庭农场,75个农业社会化服务组织,192个农产品加工企业。通过实行"三权分置",实现了农民集体、承包农户、新型农业经营主体对土地权利的共享,初步形成了以农户家庭经营为基础、合作与联合为纽带、社会化服务为支撑的立体式复合型农业经营体系,全市各类经营主体通过土地流转、托管、代耕代种、联耕联种发展多种形式的适度规模经营,进一步激发了农业发展活力。

（二）农村宅基地制度改革稳慎推进,唤醒了闲置宅基地资源。实施好平罗县两轮农村宅基地制度改革试点,探索建立了"超占有偿使用、转让政府补贴、审批县域统筹、新增多元保障"的新型宅基地管理制度,总结出了有效解决"一户多宅""超占多占"等宅基地管理难题的办法,为全市乃至全国蹚出了农村宅基地制度改革的新路子。积极盘活农村闲置宅基地和闲置住宅资源,制定《农村闲置宅基地和闲置住宅盘活利用试点方案》,明确了盘活利用目标任务、方法路线和总体要求。统筹考虑村庄区位条件、资源禀赋、环境容量、产业基础和历史文化传承,把盘活闲置宅基地和闲置住宅与农村人居环境整治、产业发展、集体经营性建设用地入市、文物保护等工作结合起来,同步谋划、统一规划、整体实施,形成了"环境整治+""产业发展+""文物保护+"等盘活利用模式,着力打造"家门口小公园、邻里间聚集地"。平罗胜利村、兴胜村通过实施"空心村"整队整治退出,集中建设农民新居134套,配套完善了基础设施,改善了农村人居环境;平罗通城村、大武口龙泉村、惠农马家湾村盘活利用闲置房地发展农产品加工、民宿经济、旅游产业,引导农民就近就业创

宝丰镇兴胜村农民新居

业,增加了农民收入,发展壮大了乡村产业。

（三）农村集体经营性建设用地入市有序推进,拓宽了产业发展空间。自平罗县被列为国家级农村集体经营性建设用地入市改革试点县以来,全市按照"控制增量、盘活存量"的原则,研究制定了《农村集体建设用地综合整治利用实施方案》《农村集体经营性建设用地入市管理办法》等多个配套文件,明晰了农村集体经营性建设用地入市实施细则、工作流程。积极开展实践探索,确定了"直接入市、调整入市、优先入市、整治入市"四种入市方式,建立了差别化的土地增值收益分配机制,着力构建了城乡统一的建设用地市场,实现农村建设用地与国有建设用地"同权同价",累计入市交易126宗1029亩,出让价款5514.17万元,村集体分享土地增值收益1994万元。平罗县通城村通过集中收储复垦农田周围58户农民的闲置宅地,将零散的小块田变成大块田,建成了集稻渔（蟹）综合种养、休闲观光为一体的农业产业综合体,促进了村集体经济发展。同时,将清理腾退的30亩土地通过调整入市的方式,出让给绿康林家庭农场建设农机具库房、农产品展示厅,发展稻米深加工产业,该农场2020年实现经营收入120万元,村集体分享土地增值收益53万元。

二、存在的问题

宅基地制度改革是当前农村土地制度改革的一项重要内容,也是热点难点所在。目前,全市农村"空心化"程度十分高,大量农村宅基地资源被闲置,盘活利用工作还存在利用率低,思路不广,房地收储、安置补偿、土地整治办法不活,发展资金不足等问题。主要原因有:一是全市农村闲置建设用地缺乏进入市场流通的有效渠道,土地价格市场决定的机制不够完善,土地价值没有充分彰显,影响了农民、村集体整治退出的积极性;二是偏远、零散的宅基地资源对社会资本难以形成较大的吸引力,产业用地需求不大,盘活利用途径主要以整治退出复垦为主。三是国家对"空心村"改造整治尚无专项资金,全市主要通过整合农村人居环境、山水林田湖草等资金对"空心村"进行整治退出,整治退出复垦所需要的资金缺口较大。

三、对策建议

（一）抓好试点示范,推动建立新型农村宅基地管理体系。持续抓好平罗县新一轮农村宅基地制度改革试点,向全市推广"控制总量、盘活存量"和"超占有偿使用、转让政府补贴、审批县域统筹、新增多元保障"的宅基地管理办法,推动建立健全宅基地分配、流转、抵押、退出、使用、收益、审批、监管等制度,形成依法取得、节约利用、权属清晰、权能完整、流转有序、管理规范的农村宅基地制度体系,从源头上解决宅基地管理粗放、空置率高、农户违规超占和非法转让等问题。

(二)坚持规划引领,推进农村土地集约节约利用。加快完成"多规合一"的实用性村庄规划编制,为科学指导村庄建设、农民建房、产业发展用地提供科学依据。在充分尊重农民意愿的基础上,规划建设中心村庄,逐步完善中心村庄基础设施,引导农民采取闲置宅基地和闲置住宅权属置换或购买的方式入住中心村庄,不断扩大中心村庄规模,减少"空心"村庄数量,推进农村土地集约节约利用。

(三)用好土地政策,建立城乡统一的建设用地市场。用足用好用活国家跨省域土地指标交易政策,积极争取农村闲置宅基地退出节余指标跨省域交易试点尽快落地,充分发挥市场机制对农村闲置宅基地资源的优化配置作用,实现省域间土地与资本互换增值。完善城乡统一的建设用地市场,建立同权同价、流转顺畅、收益共享的农村集体经营性建设用地入市制度,全面推进农村集体经营性建设用地入市交易。完善土地增值收益分配机制,逐步提高村集体分享增值收益比例,为盘活利用闲置宅基地和闲置住宅注入源源不断的活力。

(四)加强机制保障,全面提高多方参与者的积极性。一是完善退出保障机制,为退出宅基地的农民提供就业、居住、养老、医疗、教育等各方面的保障,解决进城落户农民的后顾之忧。二是建立激励奖补机制,鼓励农村集体经济组织利用农村闲置宅基地和闲置住宅发展休闲农业、乡村旅游、农产品加工等产业,对统一流转宅基地面积规模较大且经营效果好的村集体经济组织,由市财政给予一次性奖励。三是强化金融产品扶持,鼓励商业银行开发"民宿贷""农宅贷"等系列特色金融产品,拓展经营主体融资渠道,为农村闲置宅基地和闲置住宅盘活利用提供资金支持。

(撰稿:董明华、王晓斌、田　帅)

关于平罗县种植业新型经营主体
发展情况的调研报告

　　新型农业经营主体是带动地方农业产业发展的主力军，是推进现代农业发展的主要力量。随着农户兼业化、村庄空心化、农村老龄化趋势愈发明显，种田的人越来越少。平罗县借力农村改革机遇，大力培育新型农业经营主体，不断激发了农村发展活力，促进了农业规模化的发展，形成市场牵龙头、龙头带基地、基地联农户的产业化运行机制，把农业生产的产前、产中、产后有效地衔接起来，破解了农村"谁来种地、怎样种地、如何提高经济效益"等突出问题。

一、主要做法

　　近年来，县委、县政府高度重视新型农业经营主体培育工作，通过政策激励、组织引导、示范带动等措施，全县新型农业经营主体健康有序发展。2012年以来，全县共培育种植业经营主体455家。带动全县土地流转面积达47.4万亩，占耕地面积49.8%。一是加大政策力度。出台《关于引导农村经营权有序流转发展农业适度规模经营的实施意见》《平罗县工商资本租赁土地从事农业生产经营准入监管暂行办法》《平罗县星级经营主体评选办法》等14项配套文件，对示范引领、带动农民致富、自身发展功能强、懂科学会技术的经营主体在政策方面给予重点倾斜，促进经营主体提档升级。全县累计评选星级经营主体75家，发放奖励资金150万元。二是加大资金扶持力度。积极探索支农资金，优化资金投向，提升发展效益。几年来，县财政投入1500余万元扶持新型农业经营主体发展产业项目，同时加大农业保险保护力度，有效促进新型经营主体组织再生产。依托扶贫产业发展担保基金贷款，对经营主体发展中带动建档立卡户务工增收明显的，可申请30万~200万元不等扶贫产业担保基金贴息贷款。全县有11家经营主体获得利息补贴12.72万元。三是加大科技服务力度。立足转化传统农民、引入新型农民，围绕优势特色产业布局，加大职业农民培养力度,着力育强一批懂技能、会管理、知信息技术的新型农业经营主体,全县共培养职业农民及农业职业经理人12845名。通过招商引资、项目扶持、金融服务促进新型经营主体做大做强。深入农业龙头企业、合作社实地指导,对龙头企业、合作社的组织管理、财务管理、利益联结、项目申报等方面就地会诊指导服务,确保了全县新型农业经营主体规范健康有序发展。四是加大监管力度。建立了经济效益核算机制,每年10月份对经营主体经济效益按种植作物品种进行核算分析。通过对经营效益进行动态监测和技术指导,引导经营主体及时调整产业结构,促其健康发展。五是加大横向联系。新型农业经营主体在发展过程中,根据市场发展需要,部分经营主体改变过去单一种植模式,重点向多产业、多结构、深加工、精细化方向转变。全县培育的种植业经营主体由单一种植向种植+流通、种养结合、种植+服务延伸,促进产业发展。种植+流通型:随着农产品价格的不断上涨,通过种植农作物,同时从事农产品流通贩运,吸引周边农户扩大种植面积,增加产业链,规避种植风险。全县从事种植+流通36家,占8.03%。种养结合型:全县种养模式发展的经营主体58家,占12.8%。肉品价格上涨,有条件的经营主体瞅准商机,扩大产业链,扩大牧草种植范围,走种养发展模式。种植+服务型:全县以种植+服务模式发展的经营主体72家,占15.8%。这种模式实现大面积规模化种植,节省了种植成本,同时结合产权制度改革,积极探索镇村集体兴办农业服务组织的模式,为农民、农业经营主体提供产前、产中和产后服务,逐步实现统一供种、统一作业、统一管理、统一收割、统一烘干、统一秸秆还田,把兴办集体农业服务组织与争取国家财政扶持相结合、与壮大集体经济相结合、与农业现代化建设相结合,整合支农资金,提高使用效

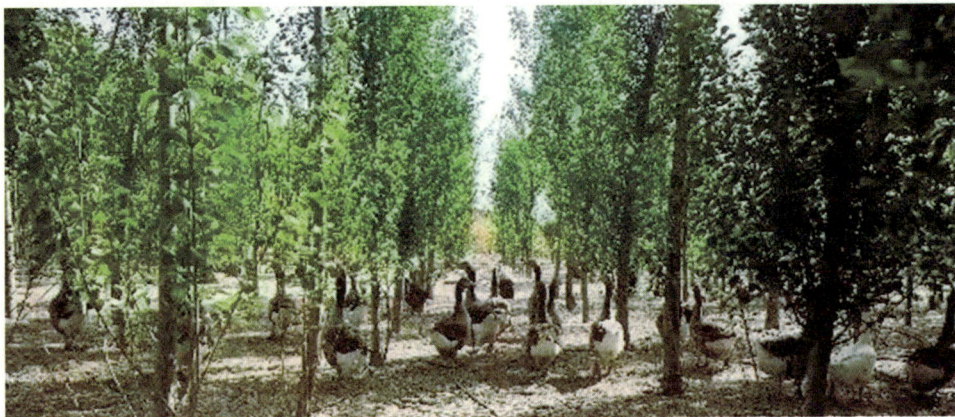

能,增加集体积累。

二、存在的问题

全县新型农业经营主体培育总体态势良好,但仍然存在以下问题:

(一)种植作物单一。全县455个种植业经营主体中,种植粮食作物301家,占66.12%;从2020年的423家种植业经营主体效益核算情况看,实现盈利189家,占44.6%,保本经营175家,占41.4%。亏损59家,占14.2%。单一的种植模式,规模小、实力弱、抱团发展意识不强,大多数经营主体多以种植、直销为主,难以深度开发农产品的附加值,产业链条短,抗风险能力弱,带动农民增收能力不强。

(二)经营管理水平低。一是经营主体业主本身素质不高,掌握使用新技术不多,品牌意识、抗风险意识不强,生产经营理念陈旧。二是经营主体管理人才缺乏,难以带领大家做大做强。三是新型职业农民和技术工人缺口较大,无法满足现代农业生产需要。四是农业企业科技创新能力不足,农产品生产多、加工少、初加工多、深加工少、产品附加值不高,竞争力不强。2012年以来培育的455家种植业经营主体中,已有126家转让或转包,占27.6%。

(三)品牌意识不强,科技含量低。经营主体品牌意识不够,种植业经营主体种植农作物种类繁多、规模较小,特色产业优势发挥不明显,大多数没有品牌意识,没有利用自身发展优势打造品牌,全县种植业中,只有"乐海山"西瓜、"田州贡"冬枣、"盈夏红"番茄等几个少数农作物品牌。没有形成具有地方特色的名、优、特农产品和老字号农产品,示范引领带动作用不强。

(四)利益链接不紧密。大部分经营主体单打独斗发展,种、养、流通、加工各经营主体互利互惠意识不强,相互融合作用发挥不充分。

(五)执行政策不严格。部分经营主体仍拖欠流转费,目前,拖欠流转费的4家,拖欠金额244.9万元。主要在2014年—2017年度,拖欠最多的是2017年度,拖欠金额177.9万元。

三、对策与建议

(一)鼓励新型农业经营主体多元融合发展。培育发展多元化农业服务主体、农产品加工流通、综合服务组织,建立以龙头企业为核心、合作社为纽带、家庭农场和专业大户为基础、综合服务组织为支撑的股份合作、订单生产等利益联结的农业产业化联合体。一是搭建新型农业经营主体与农户的利益联结机制,鼓励农户以土地经营权入股,让农户成为现代农业发展的参与者、受益者。

二是完善农业社会化服务体系，推进新型农业社会化服务体系建设，实现小农户和现代农业发展有机衔接。三是建立健全支持新型经营主体和社会化服务主体的政策体系和管理制度，提升土地托管、统种分管、代耕代种等社会化服务水平和服务能力，支持新型经营主体引进推广新品种、新技术、新设备，提高标准化、规模化水平。四是建立健全龙头企业与农户的利益联结机制，通过自建基地、完善订单农业等方式，建立"龙头+合作社+基地+农户"的产加销一体化经营模式，形成利益共享、风险共担的紧密型共同体，让农民真正得到实惠。

（二）强化人才科技支撑。一是加强业务培训，大力培育发展新型职业农民，鼓励外出创业农民、高校毕业生、大学生村官等回乡创办家庭农场，加大对经营主体实用科学技术、经营管理能力、市场风险评估能力等方面的培训，培养懂技术、会经营、善管理、守信用的综合素质较高的经营主体。二是激活金融服务体系。加大经营主体信贷支持力度，积极拓宽新型农业经营主体抵（质）押担保范围，为新型农业经营主体提供贷款融资服务。按照"边发展，边规范，边提高"的要求，引导各类新型农业经营主体积极完善内部运行机制和利益分配机制，不断提高产品质量和影响力。三是引导区域内同一产业的农业生产经营主体实行横向联合，不断壮大其经营规模和整体实力，增强新型农业经营主体的市场竞争力。

（三）大力实施品牌战略。鼓励支持新型经营主体联合起来争创宁夏"名牌产品"，用品牌开拓市场，靠品牌增强实力。进一步加大招商引资力度，吸引城市工商资本到农村发展农产品加工、流通业，为经营主体提供产前、产中、产后服务，不断提高主体与企业间的合作，增强企业辐射带动能力。

（撰稿：张淑君、马晓芳）

关于开展农村土地清理规范工作的几点思考

　　土地是民生之本，发展之基，处理好农民与土地的关系是破解"三农"问题的关键，是全面实施乡村振兴战略的重要基础。随着土地制度改革政策的普及，农民和农业经营者对土地开垦种植有了较大积极性，农民随意开垦土地、抢占土地，村集体违规发包、流转、租赁、转让土地等问题也随之增多，严重损害了村集体经济组织及其成员的合法权益。为规范农村土地使用经营，盘活土地资源，激活土地要素，实现土地节约集约使用和效益增值，助力乡村振兴，平罗县紧紧围绕土地权改革盘活增值目标，在全县开展了农村土地使用清理规范工作，取得了明显成效。

　　一、主要做法

　　（一）强化组织领导。为确保农村土地使用清理规范工作有序进行，成立了由县委副书记任组长，县人大、县政府分管领导任副组长，县农业农村、自然资源、农改中心以及各乡镇为成员单位的农村土地清理规范领导小组，领导小组下设办公室，负责农村土地使用清理规范协调推进工作。针对红崖子乡和高仁乡两个重点乡镇成立了两个县级工作专班，其他11个乡镇根据工作实际成立

工作专班,确保清理规范工作有人抓、能见效。

(二)完善政策保障。根据全县农村土地使用状况,出台了《平罗县清理规范农村土地工作实施方案》,明确了清理规范内容、流程以及重难点、个性问题处置办法及措施,特别把已发包、租赁的国有农用地、设施农业用地、集体经营性建设用地、50亩以上集体土地、农户流转土地以及抵押贷款逾期的土地作为清理规范工作的重点。

(三)明确工作流程。根据全县农村土地经营管理情况,制定具体工作推进计划时间图,严格时间节点和清理规范内容,明确工作职责,及时梳理汇总工作推进中的难点问题。定期召开工作推进会,就推进措施和阶段性重点工作进行安排部署。

二、工作成效

(一)规范了农村土地交易行为。重点对2012年以前发包的土地,涉及历史遗留的问题进行了全面梳理,其中对合同不规范(无合同)、不交保证金、私自低价长期发包以及国有土地征收后被农户私自抢种,土地发包程序不严谨,主体责任履行不到位的问题进行了及时的清理规范。解除合同收回土地17宗1.66万亩(其中重新发包13宗1.27万亩),重新规范签订合同文本57份,涉及土地2.62万亩;收回征收后被农民私自抢种的国有土地4宗1362.5亩;将原设施农业用地使用权证内容进行修改,重新换发农业设施用地使用权证64本,规范了农村土地交易行为。

(二)维护了交易双方合法权益。按面积追缴少包多占以前年度的使用费,多包少占的,重新核准面积,退还多缴费用,并按核准面积按程序重新签订合同,合同期限不规范的,国有林地、草地按《中华人民共和国土地承包法》规范期限,50亩以上大片土地合同期限全部规范到2027年12月31日,低价或未经过民主决策程序发包的,召开村民代表会议"一事一议"重新议定价格,维护了交易双方合法权益。

(三)实现了农村土地升值增效。自开展工作以来,全县国有农用地和农业设施用地存在问题的有661宗8.3万亩,已收回合同到期土地7宗2400亩,以公开竞标方式重新发包1宗706.5亩;集体土地存在问题的有198宗5.63万亩中,已完成115宗问题土地的规范,其中收回土地3宗849亩,清理追缴拖欠承包费236万元;流转土地存在问题的12宗1.73万亩中,已追缴拖欠流转费4宗,累计追回拖欠流转费315万元。

三、存在问题

（一）乡镇（村）干部认识不到位。部分乡镇干部责任意识不到位，工作停留在梳理问题清单和常规问题的处置上，对涉及的重点难点问题如何清理、化解没有进行专项研究，缺乏专人督办落实，工作缺乏主动性和可操作性，清理规范工作进展不大。

（二）土地发包主体责任落实不到位。历史遗留问题较多，主要表现在合同不规范（无合同）、不交保证金、私自低价长期发包，以及国有土地征收后被农户私自抢种等，土地发包程序不严谨，主体责任履行不到位。未经村民代表会议研究，村干部私自低价、长期发包，且承包人后期擅自高价将承包地转包他人，造成集体利益受损严重。发包程序不严谨，村集体对发包后土地使用监管不到位，导致承包地到期后收回困难。

（三）土地发包（租赁）后监管不到位。乡镇和涉农执法单位作为土地监管部门，不能及时对全县土地发包情况进行督查，对村民或干部反映的问题不能在第一时间进行处置，导致土地违规使用行为日积月累，给清理工作带来很大难度。

四、下一步工作思路

一是加大土地政策法规宣传力度。以"三下乡"活动为载体，重点宣传《土地承包法》《民法典》《农村土地承包经营权流转管理办法》等法律法规为主，提升基层干部、广大群众对土地政策法规的知晓度，让更多的群众代表参与、监督集体资源开发利用过程，切实维护好村集体经济组织成员的根本利益。

二是加强土地发包前、中、后的监督管理。进一步加强对村集体土地发包前、发包中、发包后的监督管理工作，杜绝集体资源无序流失。将国有农用地的承包纳入监管范围，提高国有土地资源的有效利用率。对土地失信主体进行联合惩戒，将其纳入农村土地使用经营失信人员名单。

三是加快完善土地使用的相关政策机制。修改完善《平罗县农村土地经营权流转管理办法》，规范土地流转行为，健全相应监管机制，促进农村土地发包、流转、管理更加规范有序。积极协调县人民法院对因土地发包、租赁、流转、转让、抵押引发的违约诉讼案件启动诉讼绿色通道，对案件判决后仍不履行判决结果的，加大强制执行力度。

（撰稿：顾思伟、李长红）

探索"三权"退出　盘活农村资源

随着工业化及城镇化的加速,农村劳动力向城镇和非农产业转移是一个长期趋势。如何逐步建立健全农民承包土地和房屋产权自愿有偿转让机制,推进农民向市民转变,对于保持农村基本经营制度,提高耕地资源的配置效率具有十分重要的意义。2012年以来,平罗县就农民土地承包经营权、宅基地使用权和房屋所有权"三权"自愿有偿转让进行了探索和实践,收到了良好效果。

一、主要做法

针对城镇化进程中农民在城乡之间"两头跑",留守农村种地还是进城务工创业"两难"等问题,平罗县建立农民土地自愿有偿转让机制,容许农民土地自愿有偿转让,较好地解决了农民市民化过程中的承包地处置问题。探索出台了《农村集体土地和房屋产权自愿退出收储暂行办法》,对在城镇稳定就业或从事二三产业,有稳定收入来源和固定住所的农户,允许其自愿有偿转让农村土地承包经营权、宅基地使用权和房屋所有权"三权",转为城镇户口,放弃农村集体经济组织成员身份和权益。截至2019年年底,平罗县结合生态移民安置,共落实农民自愿退出耕地8310多亩,房屋1700多套,插花安置移民1638户,办理农民产权在集体经济组织内部转让418户,转让耕地3090亩;同时选择房屋空置率高、复垦面积大的11个村庄点进行综合整治,采取货币补偿、权属置换、复垦耕地等方式保障退出农户权益,共拆迁退出农户宅基地和房屋352户,复垦面积1352亩。为确保转让工作依法、稳妥、公平、公正,不损害农民和集体经济组织的利益,平罗县从转让条件、程序、补偿以及后继保障等方面进行严格规范,保证了退出收储工作平稳开展。

(一)坚持原则,严格条件。退出收储必须充分尊重农民意愿,对自愿退出土地承包经营权、宅基地使用权和房屋所有权的农户给予合理补偿,并对村集体"三资"收益一并予以一次性补偿;退出的土地和宅基地因所有权属于村集体,收储主体为村集体经济组织,通过收储后分类合理利用;退出的耕地利用要符合土地利用总体规划和镇村规划,不得擅自改变用途。自愿退出土地承包经营权、宅基地使用权和房屋所有权的农户，须经家庭全体成员同意并申请村委会审查通过，迁入城镇并有稳定职业和固定住所，有稳定的收入来源。单纯依靠土地生存，没有其他收入来源的原则上不允许退出。退出后必须将农村户口转为非农户口，且放弃村集体经济组织成员身份和权益。

（二）规范程序，合理利用。自愿退出土地承包经营权、宅基地使用权和房屋所有权，严格按照农户书面申请、村集体审核、评估机构评估、双方签订协议、兑现补偿费、变更权证的程序进行退出收储。申请表须由家庭二轮承包时所有共有人签字盖章。退出的集体土地和房屋由村集体经济组织收储并登记造册，退出的承包地村集体经济组织可采取转包、出租、转让、拍卖等方式进行流转，促进土地规模经营。整村或整队退出的宅基地和房屋可拆除、整治后复垦，恢复为农业用地后进行流转。探索移民插花安置新模式，利用永久退出的耕地和房屋插花安置移民。

（三）明确补偿，强化保障。制定了《平罗县农民宅基地使用权和土地承包经营权退出收储基准参考价格》，退出耕地按照当年土地流转价格逐年上浮5%的标准进行评估，并按二轮承包期内剩余年限一次性算清，经村集体经济组织与农户协商，逐年或一次性给予补偿。根据不同地类、不同区域，实际收储价格为每亩0.8万~1.2万元，平均收储价格为1万元；宅基地收储价格参照自治区规定的耕地补偿标准，超出宅基地上限（270平方米）部分标准为每亩1万元，全县宅基地平均收储价格为0.7万~1万元每宗；房屋按照确权颁证面积由乡村和农户协商评估确定收储价格，面积80平方米的砖木结构住房收储价格一般为4.8万元（最高5.8万元，最低3.5万元）。退出集体土地和房屋产权的农户同时享受村集体经济组织"三资"（资源、资产、资金）收益分配补偿，按照当年人均分配标准，参照二轮土地承包期剩余年限由村集体经济组织一次性给予补偿。

（四）加大投入，方式灵活。县政府设立了500万元的收储基金，村集体暂无条件支付补偿金，可用收储周转基金垫付，村集体收储耕地和宅基地流转收入优先偿还。全县土地和房屋收储主要还是采取与生态移民插花安置相结合的方式进行。即：按照生态移民每户5亩水浇地，80平方米以上住房的安置标准，收储当地农户每户5亩耕地，一套80平方米以上的砖木结构住房，用于安置生态移民。收储补偿金平均每户为16万元，其中12万元用自治区生态移民项目资金支付，其余由市县财政补贴。收储补偿费每户为12万~14万元（5亩耕地、一宗宅基地和住房），其余1万~2万元由乡镇用于收储房屋的修缮和水电等基础设施的完善。在收储中,我们还探索了一部分农民耕地全部退出,每户退出耕地中除5亩用于安置移民外,其余部分收储补偿费如村集体经济组织无经济实力支付,可申请借用县收储基金进行支付,收储后由村集体按照当地土地流转价格(400~750元)进行流转,流转收益用于偿还县收储基金。

二、取得的成效

通过探索建立农村土地产权自愿有偿转让机制,政府在流转和转让中担当引导、监管、鉴证、权证变更等责任,不断规范土地流转转让,切实让农民带着产权、股权、流转费和补偿金进城,有效地解决了城镇化进程中农民城乡之间"两头跑",务工务农"两耽搁",留守农村种地还是进城务工创业选择"两难"等问题。农民一方面可以从承包地上获得退出补偿收入,一方面从土地上解放出来,外出打工或从事二三产业,获得工资性或经营性收入,得到了广大农民群众的认可,社会反映良好,基本达到了促进农村劳动力转移增收的目标,为"土地"换"市民"创造了有利条件。同时,将当地农民"三权"自愿有偿转让与生态移民插花安置相结合,实现了多赢:一是盘活了当地农村闲置资产,使农民闲置房屋、宅基地变为资本,增加了农民财产性收入;二是节约资金,降低政府移民集中安置成本,保护了移民区生态环境。插花安置生态移民每户成本为16万元左右,远低于以往集中安置成本。同时,将银南山区西吉、海源等县原住户插花安置到当地,为银南山区生态环境的恢复和保护创造了有利条件。三是确保移民快速融入当地生产生活,实现"搬得来、稳得住、能致富"的目标。通过插花安置,使移民在生活习惯、生产技术、经营管理等方面向当地农民学习,可以尽快转变观念,降低了生态移民社会管理成本。四是促进了部分农民向市民转变。五是有利于农村土地规模经营,真正让耕者有其田。

三、问题及建议

(一)关于收储资金的问题。在农民土地和房屋自愿有偿转让中,农民自愿永久退出土地和房屋产权的积极性很高,但目前收储补偿金主要利用生态移民项目资金支付,如果没有此项资金,则收储资金得不到保障,仅凭500万元的收储基金,退出规模受到限制。如鼓励企业参与收储,但存在收益与支出不符等问题,企业积极性不高。今后将探索建立政府、社会和企业共同参与的退出补偿机制。同时建议各级财政加大对该项改革试验的资金支持力度,不断扩大收储基金规模。

(二)关于补偿标准的问题。在制定补偿标准上,我县退出耕地按照当年土地流转价格逐年上浮5%、并参照二轮承包期剩余年限进行计算,每亩承包地在

1万元左右。但按照国家土地承包关系长久不变的政策,该补偿标准计算方法还存在缺陷,仅给予农民二轮承包期剩余年限的补偿,没有按照"长久不变"予以补偿,补偿年限偏短,补偿标准偏低。因此,建议探索农民不同年龄的补偿年限计算方法,例如用当地居民的平均寿命减去退出承包地农民的实际年龄作为补偿年限。

(三)关于农民养老的问题。由于农民退出土地后社会保障体系尚不能完全建立,特别是60岁以上老年人退出土地后养老问题得不到有效保障,成为制约土地规模经营、提高农业效益的一个重要因素。如果能将60岁以上农民的养老问题解决,则这部分人的退出意愿十分强烈。建议出台农村女性55、男性60岁以上退出土地农民养老政策,采取土地换社保或参照失地农民养老保险政策,解决其养老问题。同时,加大支持力度,建立60岁以上老人集中供养机制,切实解决老年农民的后顾之忧。

(四)关于社会保障的问题。当前,由于针对农民的社会保障体系还不完善,存在着城乡就业政策、保障体制和社会服务等不均衡,农民工在受教育程度、社会培训、非农就业能力方面存在城乡不对接现象,很多农民对于农村土地和房屋产权永久退出有后顾之忧,一定程度强化了土地的失业保障功能。同时,农民在城市面临就业困难、房价较高、优质教育资源紧张等问题,导致农民抓住农村土地和房屋产权牢牢不放,即便是粗放经营、收益较低。建议根据市场需求,帮助农民开展多层次、多领域、多形式的职业教育、技能培训,引导其改变择业观,提高其就业竞争力,提升融入城市能力。同时,建立健全社会保障体系,使进城的农民工与城市居民同等享有失业、养老、医疗、住房等社会保障政策。

(五)关于退出"三权"农民身份的问题。按照制度设计,我县"三权"自愿有偿转让农民应将户籍转为城镇户,且放弃村集体经济组织成员身份。但在具体实施中,在自愿有偿转让农村产权的1300户农户中,有1270户仅退出耕地5亩,耕地没有完全退出,造成其户籍、集体经济组织成员身份难以确认。针对这种情况,平罗县明确要求将退出的5亩耕地明确到家庭具体成员人头,并将该家庭成员在这次土地承包经营权确权登记颁证中从共有人中剔除,户籍转为城镇户,放弃集体经济组织成员身份。同时,平罗县将在今后的工作中,严格落实自愿转让农村土地承包经营权、宅基地使用权和房屋所有权的必备条件,切实做到农民土地和房屋产权退出转让自主自愿,干净彻底,不留隐患。

（撰稿：王　云、李　丽）

盘活闲置宅基地　激发乡村新活力

——石嘴山市盘活利用农村闲置宅基地和闲置住宅做法、成效及对策

近年来,石嘴山市按照"盘活闲置资源、融合乡村发展、推动乡村振兴"的思路,以农村产权制度改革为基础,通过政府引导、农民自愿、社会参与的方式,积极盘活农村闲置宅基地和闲置住宅资源,为农村经济社会发展增添了新活力。

一、主要做法

(一)确权赋能、清晰归属,让宅基地权属"明起来"。一是开展农村宅基地和住房利用现状调查。通过调查摸底核实全市共有村庄点1382个,住宅常年空置的农户达3.6万户,空置率43.4%,偏远乡村住宅空置率超过70%。二是推进农村宅基地和住房确权登记。全市完成农村宅基地登记总数8.29万户、占全市农户总户数的73.4%,已完成农村"房地一体"统一确权登记6.88万户、确权登记率83%。平罗县在全区率先完成"房地一体"不动产确权登记颁证工作,颁发不动产权证5.93万户,颁证率达到98%。三是规划引领明晰农民房地权属。全市195个行政村已完成调查并形成数据库,通过开展村庄分类工作,按照自治区村庄规划编制方案,计划保留975个村庄、拆除空心村440个,预计退出宅基地2.4万亩,可复垦耕地1.5万亩。通过确权明晰了农民房地权属,明确了农民宅基地用益物权有效实现形式。平罗县对因历史原因形成"一户多宅"的,每户只确权一宗宅基地,对非集体经济组织成员使用宅基地的,经村民代表大会"一事一议"确定后以租赁方式使用,解决了"一户多宅"和非集体经济组织成员占用宅基地等权属问题。

(二)控制总量,盘活存量,让宅基地管理"实起来"。一是超占有偿使用。以法定面积270m²为基数,超出面积均确定为庭院用地,200m²以内无偿使用,超出470m²的一次性收取有偿使用费。平罗县核实超出470m²宅基地22755宗,收缴有偿使用费1121万元,村均达到8.2万元。二是转让政府补贴。鼓励引导符合新增宅基地审批条件的农户,对于转让规划保留村庄其他农民闲置房地和向

颁发农村宅基地资格权证书

新建中心村申请宅基地落户的，由政府按照法定面积270m²给予30元/m²补贴。平罗县通过补贴方式取得宅基地的农户14户，财政补贴资金11.34万元，有效探索了闲置宅基地盘活路径。三是审批县域统筹。打破乡镇、村组界限，在规划保留村庄范围内调剂审批宅基地，重点解决新型经营主体人地分离、赡养老人等农村现实问题。跨乡镇、村组调剂审批宅基地136户，其中跨村民小组106户、跨村审批21户、跨乡镇审批9户。四是新增多元保障。规定新增宅基地必须在规划保留村庄审批或中心村购房，退出农户可保留宅基地资格权进城购房。探索村集体建设租赁房，保障低收入群体住有所居、住有宜居。通过城镇购房、新居购建、农村转让、租赁使用四种方式，解决不同群体农户住房需求。平罗县已通过该方式新增审批宅基地136宗。

（三）创新机制，顺畅流转，让闲置宅基地"活起来"。一是建立政策体系。制定《农村闲置宅基地和闲置住宅盘活利用试点方案》，明确了盘活利用目标任务、方法路线和总体要求，稳步推进"空心村"整治。针对全市村庄布局零散和"空心化"程度逐年加重的实际，结合农村宅基地制度改革，对平罗县和惠农区空置率超过70%的10个"空心庄点"进行整体拆除退出。二是建立流转交易平台。指导县区建设农村宅基地使用权和住房财产权交易平台，实现流转交易"一站式服务"，累计发布房屋流转信息700多条，发布改革政策文件42个、实用法律法规9部，办理农民房屋不动产权抵押贷款728笔3764万元。三是鼓励多种方式盘活。统筹考虑村庄区位条件、资源禀赋、环境容量、产业基础和历史文化传承，把盘活闲置宅基地和闲置住宅与农村人居环境整治、产业发展、集体经营性建设用地入市、文物保护等工作结合起来，同步谋划、统一规划、整体实施，形成了"环境整治+""产业发展+""文物保护+"等盘活利用模式，着力打造"家门口小公园、邻里间聚集地"。

（四）依法依规，严格保护，让改革获得感"强起来"。一是农村建设用地入市交易，保证集体权益。充分利用建设用地增减挂钩、集体经营性建设用地入市等政策，将退出后符合规划的宅基地调整为集体经营性建设用地入市交易53

通城村稻渔空间

宗180.97亩,村集体获得土地增值收益346.49万元,增加了村集体经济收入。二是农户宅基地自愿退出,保护农户权益。积极探索在村集体主导下集中建设或引入社会资本参与联建模式,在中心村或规划保留村庄统一建设住房,退出农户可以采取置换、购买、租赁方式,取得房屋的所有权和使用权,也可置换规划保留村庄其他农户的闲置住房。政府采取货币补偿、权属置换、复垦确权、颁发建房许可证和资格权证等方式保障农民权益,鼓励已退出房地和有退房意愿的农户向中心村集聚,对退出后在农村暂无住房需求的,颁发宅基地资格权证作为今后无偿申请宅基地的依据。借助"空心村"整治,对农户自愿放弃宅基地资格权的,按照不同标准给予经济补偿,已有900多户农户自愿退出,复垦耕地2500多亩,户均获得补偿费7万多元。三是村委会积极参与,保障投资人权益。通过村委会将农房收储,与投资人签订合作协议,让投资方吃下定心丸。大武口区龙泉村依托贺兰山、明长城、古汉墓、山泉水等自然生态、人文资源,与59户农户签订闲置房屋长期流转协议,引进厚德酒坊、马来风情公司等20余家经营实体,同村委会签订长期租赁合同,经营期满后,企业将租赁农房所投资产全部留给村和农户,带动农户参与打造农家餐饮、民宿改造、特色休闲农业。

二、取得成效

随着石嘴山市盘活利用闲置宅基地和闲置住宅工作不断深入,盘活利用模式不断丰富,社会参与度不断提升,"小"农房撬动"大"资源的效果越来越明显。

（一）激发了乡村振兴活力。通过"三权分置"改革，盘活了农村闲置资源，释放了乡村投资空间，焕发了乡村生机和活力。目前，全市累计完成23个"空心村"庄点957宗闲置房地整治退出，清理腾退闲置建设用地5500亩，为农村新产业新业态发展提供了用地保障，吸引返乡创业农民百余人，有效破解了乡村"建设用地制约、资金投入不足、产业人才缺乏"的困境，助推乡村产业振兴。

（二）加快了强村富民步伐。平罗县通城村通过集中收储复垦农田周围58户农民的闲置宅地，"化整为零"建成了集稻渔（蟹）综合种养、休闲观光为一体的农业产业综合体；将清理腾退的30亩土地通过调整入市的方式，出让给绿康林家庭农场建设农机具库房、农产品展示厅，发展稻米深加工业，上半年该农场实现经营收入360万元，村集体分享土地增值收益53万元。大武口区龙泉村利用闲置农房发展民宿经济，由村里实行统一经营或对外统一招租，引进了工商企业50余家，建设乡间别墅、田园香居等高端民宿，解决了农民的就业创业难题，增加了财产性收入，预计今年该村农民人均纯收入突破2万元。

（三）改善了农村人居环境。通过对"空心化"程度高的村庄闲置宅基地和闲置住宅进行整体整治退出，2020年拆除废弃危旧土房和残垣断壁1646处，彻底治理了"空心村"脏、乱、差的环境。平罗县胜利村通过实施"一村一庄"试点项目，将5个规划不保留村庄庄点列入"空心村"整治整体退出范围，对保留村庄进行改造提升，为有住房需求的农户集中新建住房108套，并配套建设了污水管网、天然气管道、休闲生活广场等基础设施，既盘活了宅基地资源，又提升了人居环境。

胜利村新建大庄点

（四）带动了乡村产业发展。惠农区红果子镇以发展全域旅游为契机，通过对村中闲置宅地进行提升改造，引进10家绿色食品加工企业，打造29家特色旅游民宿，进一步丰富了大地天香旅游景区产业业态，年接待游客5万人次，实现收入600万元。惠农区省嵬村结合"空心村"整治，先后将52户农民整体搬出西

红果子镇马家湾村利用闲置农房改造的民宿

夏省鬼城遗址保护区,腾退土地面积150亩,在周边区域建设休闲用房和景观便道,为古城遗址的保护开发和休闲农业产业融合发展奠定了坚实的基础。

三、存在的问题和改进措施

目前,全市农村闲置宅基地和闲置住宅盘活利用中,还存在村庄规划编制滞后、盘活利用率低,盘活利用思路不广,房地收储、安置补偿、土地整治措施不多、发展资金不足等问题。下一步将抓好以下三个方面,推动全市农村闲置宅基地和闲置住宅资源得到高效利用。

(一)抓好试点示范,推动建立新型农村宅基地管理体系。持续抓好平罗新一轮农村宅基地制度改革试点,向全市推广"控制总量、盘活存量"和"超占有偿使用、转让政府补贴、审批县域统筹、新增多元保障"的宅基地管理办法,推动建立健全宅基地分配、流转、抵押、退出、使用、收益、审批、监管等制度,形成依法取得、节约利用、权属清晰、权能完整、流转有序、管理规范的农村宅基地制度体系,从源头上解决宅基地管理粗放、空置率高、农户违规超占和非法转让等问题。

(二)坚持规划引领,推进农村土地集约节约利用。加快完成"多规合一"的实用性村庄规划编制,为科学指导村庄建设、农民建房、产业发展用地提供科学依据。在充分尊重农民意愿的基础上,规划建设中心村庄,逐步完善中心村庄基础设施,引导农民采取闲置宅基地和闲置住宅权属置换或购买的方式入住中心村庄,不断扩大中心村庄规模,减少"空心"村庄数量,推进农村土地集约节约利用。积极争取全国农村建设用地增减挂钩节余指标跨省域交易试点尽快落地,充分发挥市场机制对农村闲置宅基地资源的优化配置作用,实现省域间土地与资本互换增值。

(三)加强机制保障,全面提高多方参与者的积极性。一是完善退出保障机制,为退出宅基地的农民提供就业、居住、养老、医疗、教育等各方面的保障,解决进城落户农民的后顾之忧。二是建立激励奖补机制,鼓励农村集体经济组织利用农村闲置宅基地和闲置住宅发展休闲农业、乡村旅游、农产品加工等产业,对统一流转宅基地面积规模较大且经营效果好的村集体经济组织,由市财政给予一次性奖励。三是强化金融产品扶持,鼓励商业银行开发"民宿贷""农宅贷"等系列特色金融产品,拓展经营主体融资渠道,为农村闲置宅基地和闲置住宅盘活利用提供资金支持。

(撰稿:董明华、田　帅、丁静红)

平罗县规范土地流转　遏制土地"非农化"

　　近年来,平罗县认真贯彻落实自治区党委办公厅、人民政府办公厅《关于规范农村土地经营权流转的实施意见》,积极出台相关办法和措施,加强对土地经营权流转的监管,引导经营主体流转土地发展粮食生产,确保流转土地不发生"非农化"现象。现将有关情况报告如下:

一、总体情况

　　根据中共中央办公厅、国务院办公厅《关于引导农村土地经营权有序流转发展农业适度规模经营的意见》和自治区党委办公厅、人民政府办公厅《关于规范农村土地经营权流转的实施意见》精神,平罗县出台印发了《关于引导农村土地经营权有序流转发展农业适度规模经营的实施意见》《平罗县新型农业经营主体土地流转及经营管理办法》《平罗县发展家庭农场指导意见》文件和办法,严格规范土地流转行为,鼓励多种形式的土地流转。2021年,全县耕地流转总面积达40.5万亩,占耕地面积的42.2%。其中流转入经营大户的面积13.91万亩,流转入专业合作社的面积8.79万亩,流转入企业的面积8.48万亩,流转入家

庭农场的面积9.32万亩。流转面积中,种植粮食面积30.3万亩,占流转面积的74.8%,同比增加3.8万亩,增长14.3%。增长主要原因是2020年玉米等粮食作物价格上涨,种植粮食作物比较效益增加。

二、规范土地流转的主要做法

(一)加强监管,引导土地经营权有序流转

1.严把土地流转关口。一是流转农民承包地必须经流转地村委会和流转农民同意,流转土地年限原则上必须达到5年以上,鼓励有经营能力的经营主体流转年限可到2027年年底。二是土地流转必须签订自治区农业农村厅统一印制的委托流转协议和出租合同文本,村委会与农户签订委托流转协议,村委会与新型农业经营主体签订出租合同,依法对委托流转协议、出租合同进行公证。流转合同中约定经营主体以流转经营权证抵押贷款内容。三是土地流转必须申请所在地乡镇人民政府初审,报县农村产权流转交易中心审批,进行工商注册,根据个人意愿办理流转经营权证书,经营农作物必须全部参加农业保险。

2.创新土地流转模式。重点培育以家庭成员为主要劳动力、以农业为主要收入来源,从事专业化、集约化农业生产的家庭农场,使之成为引领适度规模经营、发展现代农业的有生力量。引导各类农村社会化服务组织托管农民土地,探索引导农民以承包地、农业机械等入股组建土地股份合作制经营。有条件的乡镇、村根据农民意愿,可以统一连片整理耕地,将土地折股量化到户,经营所得收益按股分配。

3.规范土地流转行为。土地流转充分尊重农民意愿,流转收益归承包农户所有,流转期限由流转双方在法律规定范围内协商确定。严格遵守《平罗县新型农业经营主体土地流转及经营管理办法》,建立经营主体报批、认定、准入、监管、考评、验收、政策扶持、违约责任、退出等制度,对经营法人属县外工商企业流转农民承包地,收取不低于当年流转费50%的风险保证金,由乡镇农经专户储存管理。

4.强化流转管理服务。依托县乡农村产权流转交易平台,建立土地流转信息发布、审核登记、鉴证备案、监测等制度,将土地流转纳入农村产权

平罗县农村土地规模经营流转合同公证现场

流转交易管理范围,规范审核、备案、鉴证等流转交易环节,切实规范土地经营权流转行为,保障流转双方的权益。依法保护流入方的土地经营权益,流转合同到期后流入方可在同等条件下优先续约。

5.科学设定流转规模。按照《平罗县新型农业经营主体土地流转及经营管理办法》规定,家庭农场流转农户土地面积200~500亩;专业大户流转农户土地面积100~200亩;农产品加工企业和专业合作社流转农户土地面积200~1000亩;股份合作形式的经营主体农户入股土地面积200~400亩。凡一次性流转土地面积500亩以上的,实行报批制,由乡镇审查其资质和经营能力,报县农村产权流转交易中心组织县、乡(镇)、村开展风险评估后方可进行流转。

6.合理指导流转价格。建立健全流转基准指导机制,土地流转费由流转双方协商确定,流转费原则上以实物折价(上年水稻或玉米产量计算),确保流转双方利益。合理引导粮田流转价格,降低粮食生产成本,稳定粮食种植面积,今后新增农业补贴向种粮经营主体倾斜。

7.监管流转土地用途。坚持最严格的耕地保护制度,切实保护基本农田。严禁借土地流转之名违规搞非农建设。严禁破坏、污染、圈占闲置耕地和损毁农田基础设施。坚决查处通过"以租代征"违法违规进行非农建设的行为,坚决禁止擅自将耕地"非农化"。利用规划和标准引导设施农业发展和发展粮食生产。

(二)强化扶持,大力培育新型农业经营主体

1.加大政策扶持力度。一是对新型农业经营主体流转的土地,优先列入盐碱地改良、国土整治、中低产田改造等项目。二是将自治区、市、县农业基础设施建设、农业科技试验示范和推广、优势特色产业发展、农业产业化等农业项目和扶持政策优先向新型农业经营主体倾斜。三是对经营效益好、带动力强、优势特色种植的新型农业经营主体,可整合妇女创业贴息、个体工商户创业贴息、支农再贷款等给予授信贷款或贴息。四是建设仓储、晒场、机库等基础设施的,在农业设施用地上优先按照国土资发〔2014〕127号《关于进一步支持设施农业健康发展的通知》精神做好审批及备案工作。

2.加大技术服务力度。一是对所有经营主体由相关部门指定技术人员实行"一对一"技术服务,指导开展新品种试验示范、新技术推广、病虫害防治等。二是由农技部门统一安排,对经营主体流转地进行测土配方施肥,推广适宜品种,提高其经济效益。

（三）建立健全工商资本流转农民承包地准入监管机制

1.加强流转土地准入监管。一是合理确定租赁时间。对不同的土地类别、不同的经营主体、不同的产业，以及工商资本经营项目的不同合理确定租赁期，对从事畜牧养殖、农产品加工等项目的适当延长租赁期，但不超过二轮承包期剩余年限。耕地流转时限不超过二轮延包期限，对开发农村"四荒地"经营农业项目的，最高期限不超过30年。二是合理确定租赁面积。工商资本租赁农户承包地面积初次租赁面积最高不超过1000亩，累计最高不超过3000亩。三是严格进行资格审查。建立由农业农村、乡村干部代表、农民代表、农业专家等多方参与的农地流转审查监督机制，采取书面报告和现场查看等方式，对租赁农地企业（组织或个人）的主体资质、农业经营能力、履约资信、环保测评、项目效益风险、土地用途，以及是否符合当地产业布局和现代农业发展规划等事项进行审查审核。符合审查审核条件的，可以享受相关产业扶持政策和优惠措施；不符合条件的，不得享受产业扶持政策和优惠措施。

2.加强事中事后监管。一是全面核查工商资本租赁农户承包地情况。对工商资本租赁农户承包地情况进行全面清理核查，依法进行规范。对已超出租赁面积和期限上限标准的，在不影响农业生产的情况下，按照合同约定继续履行，合同到期后按照新的规定进行调整；对违法改变农地用途进行非农建设的，组织力量立即查处；督促工商企业按照合同约定及时兑付土地租金，切实保障集体经济组织和农民权益。二是严格租赁耕地质量保护监督。租地企业（组织或个人）应严格按照合同约定在租赁农地上直接从事农业生产经营，未经承包农户同意，不得转租。加强对企业（组织或个人）合理使用化肥、农药等投入品监管，防止出现掠夺性经营，确保耕地质量等级不下降。三是严格租赁耕地用途监督。强化租赁农地的用途管制，鼓励流转土地发展粮食生产，对工商资本租赁农地经营情况定期开展监督检查，及时纠正查处"非农化"违法违规行为。对撂荒耕地的，依法终止合同，并追究责任。对主导产业不符合当地产业规划的，停止享受相关农业生产扶持政策。

3.强化风险防控。一是建立流转土地书面委托制度。工商资本租赁农户承包地，必须经全体农户书面委托村集体经济组织进行租赁，由农户与村集体经济组织签订委托流转协议。二是建立流转土地风险评估制度。对工商资本租赁农户承包地，由工商、农业农村、金融机构、发改、国土等相关部门和乡村干部代表，对企业资金实力、经营管理能力、市场销售能力、金融资信情况等隐性风险进行综合评估,出具风险评估报告,作为准入审核的必备条件。三是建立流转土地风险保证金制度。对社会资本参与土地流转必须先交纳一定数量的资金作为"风险保证金"。工商资本租赁农户承包地应先付租金、后用地。且应于每年三月份之前,向所在村集体经济组织缴纳不低于当年租赁费50%的保证金,用于预防承包农户权益受损。

三、存在问题

(一)经营主体流转土地经济效益不明显,示范带动能力不强。受气候因素和市场价格的影响,新型农业经营主体由于前期投资较大,部分出现亏损现象,可持续发展能力较低。

(二)流转土地基础设施不完善,影响了经营主体的发展。新型农业经营主体流转土地后,由于劳力和资金限制,在农业基础设施建设等方面还存在较多问题,导致基础设施不完善。

(三)资金扶持力度小,制约了经营主体发展积极性。目前区、市、县对新型农业经营主体虽出台了一些扶持政策,但力度不大,需进一步加大资金扶持力度。

(四)土地流转监管机制还不健全。部分乡镇和村对种植大户流转土地的经常性监管不到位,导致部门经营主体和种植大户拖欠农民承包费的现象时有发生。

四、下一步工作措施及建议

(一)引导发展优势特色产业,提升带动能力。立足全县优势农业产业,将经营主体发展纳入现代农业产业发展规划,引导新型农业经营主体走专业化、职业化、生态化发展之路。通过项目扶持,积极引导经营主体发展制种、特色瓜菜等特色种植;引导经营主体引进和推广新技术新产品,提高农产品的科技含量;鼓励和支持农业生产经营主体开展种植和养殖产品的深加工,并延伸到储藏、运销以及服务等领域,实现土地效益最大化,提升辐射带动能力。

(二)提高社会化服务,促进经营主体健康发展。重点扶持创办专业化服务组织,为经营主体提供农资配送、农机作业、病虫害防治、工厂化育苗、农产品收购、市场风险预测、新品种改良、良种示范、信息服务等多方位、低成本、便利高效的生产经营服务,为新型经营主体提供产前、产中、产后全程化服务,增强抵御风险的能力,减少经营主体在农业机械上的投入,使经营主体将更多的精力和资金投入到生产管理和谋划长远发展上。

（三）加大资金扶持力度，培育壮大经营主体的发展。在农业项目建设上，需要给予立项扶持，以使农业经营主体获得更多的项目资金、更规范的经营管理和更长远的发展。仓储、机库、晒场是农业经营主体必备场所，对扩大规模、农产品加工流通起到重要作用。在以上基础设施建设上，需要给予优惠政策，并在基础设施建设上给予补贴。对购买大型机械的经营主体建议在国家补助的基础上再给予一定比例的补助。

（四）提高农业保险比例，扩大农业保险品种。提高农业保险比例和扩大农业保险的品种，提高新型农业经营主体的风险保障能力，进而可保障流转农户的权益，避免引发群体性的矛盾。

（五）严格监管机制，保障农民的权益。加大对新型农业经营主体流转农民承包地的用途监管，坚决杜绝流转耕地"非农化"，引导流转大户发展粮食生产。建立新型农业经营主体考评监督机制，重点监督经营主体是否按时兑现流转费，是否存在"非农化"经营，是否存在侵害农民利益等行为。

（撰稿：王　云、马雪峰、李宏阳）

加快国有小农场改革
补齐全面建成小康社会短板
——石嘴山市国有小农场的经营现状及今后发展的对策建议

　　国有小农场作为一定历史时期的产物,留下了开拓者的足迹,为成千上万厂矿企业职工家属和外来移民提供生活保障,为石嘴山市农业发展和社会稳定做出了特殊贡献。近年来,这些农场大多发展缓慢,职工待遇低、社会问题多,已经成为全面建成小康社会的短板。借农村改革的历史机遇,推进国有小农场经营体制改革,加快转变经营方式,是石嘴山市深化农村改革、推进乡村全面振兴的题中应有之义。

一、基本情况

　　(一)历史背景。二十世纪五十年代末期,随着国家支援建设大西北决策的贯彻实施,煤炭基建公司、西北煤机厂、石嘴山矿务局、石炭井矿务局等国有企业相继在石嘴山市建厂建矿。到二十世纪六十年代末七十年代初,这些厂矿企业为解决职工的婚姻家庭问题,允许职工把原籍农村家属或对象迁来。为安置蜂拥而至的大批农村妇女,解决当时粮食计划供给制度下的吃饭问题,厂矿企业在当时革委会的决定下,纷纷划出大片土地进行开荒,建立了农场。与此同时,地方政府为了发展农业生产,安置外来移民和社会盲流,也兴办了许多国有农牧场、良种繁育场和市属企业小农场等。据不完全统计,发展高峰全市国有小农场有60余家。随着厂矿企业和地方政府的不断无偿投入,国有小农场也一天比一天红火起来,兴建了大量的农田基础设施,配置了许多大中型农业机械、厂房、设备,农场土地得到不断改良,创办了农、林、牧、渔各业,除满足农场户的自食外,还为厂矿和地方,提供了丰富的农副产品,改善了职工的生活。到了二十世纪八十年代,大批的农场户口转为城镇户口,厂矿企业和地方政府,对农场的投入逐年减少,不计成本的低效种植经营使得农场连年亏损,逐步萎缩。到了二十世纪九十年代,随着社会主义市场经济体系的建立,长期在计划经济下生产经营的厂矿企业受到市场经济的冲击,经济效益出现滑坡,再无资金投入农场,农场开始单独核算,自负盈亏。但由于沿用传统的生产经营管理方式,又无资金投入、技术指导,农场职工人员骤减,大多数集体经营的农场出现了严重亏损,只好将耕地、果园、畜禽承包给职工或对外租赁,这些农场大多处于维持简单再生产的经营状态。

(二)目前现状。随着石嘴山市城市的快速发展,国有小农场大多作为建设用地被城市发展占有或征用。对尚存的9个国有小农场(不含农垦系统农场)调查,按其隶属关系分类,隶属县(区)农牧系统管理的有4家,宁煤集团管理的有3家,自治区民政厅管理的有1家,自治区监狱局管理的有1家。农场现有职工及家属4600人,其中管理人员36人,职工约600人,共有耕地约8.73万亩,占全市耕地面积的6.98%,职工及家属人均占地18.98亩。其中,农场职工耕种面积0.74万亩,占农场耕地面积的8.50%,对外承包、租赁土地面积7.99万亩,占农场耕地面积的91.50%。

(三)经营模式。国有小农场基本经营模式主要有三种,一是职工承包经营模式。由主管部门任命1至4个农场的主要负责人,编制和工资由政府解决,其他管理人员工资由农场土地承包费解决,不足部分由财政部门实行差额补贴。职工实行承包一定数量土地抵顶工资和养老保险、失业保险、医疗保险等。一般按每个职工分配14~27亩土地,若想多种地,超出部分要上交承包费,职工不愿承包的土地对外租赁。这些职工耕种的土地大多数都没有签订承包合同,承包期限一般延续到本人退休为止,一旦到退休年龄,土地上交农场,若想继续承包,拥有优先权,但必须上交承包费。这种经营模式约占调查总数的78%,如县(区)农牧场、良种繁育场、安置农场等都采用这种经营模式。二是集体经营模式。神华宁煤银北物业沟口二农场(原石炭井矿务局农指机关农场、一、二、三矿农场等),现有耕地6600亩,对外租赁4200亩,余下2400亩土地由14个职工集体经营,工资由宁煤集团发放,农场经营发展由上级统一安排,实行盈亏绩效考核,农场负责人由上级任命,农场没有自主经营权。这种经营模式约占调查总数的11%。三是租赁模式。原惠农农场、明水湖农场和平罗监狱合并后,成立监狱农场,共有耕地6.7万亩,全部对外租赁。现有职工400余人,监狱系统安置公益性岗位100余人,剩下300余人每月发放500元生活补助,职工养老保险、失业保险等"五险一金"由农场承担,职工自谋生活。这种经营模式约占调查总数的11%。

二、存在的问题

（一）没有法人资格，缺乏发展动力。国有小农场作为一个农业经营主体，既不同于工业企业，又不同于农村集体。虽是企业，但许多小农场没有独立法人资格，不能对外承担独立的经济责任。一是企业流转土地不稳定，多数流转合同一年一签，致使外来企业不愿合作与投资；二是企业短期行为突出，流转企业实行土地掠夺式经营，轻投入重获取；三是由于没有法人地位，不能取得工商营业执照、税务登记，银行贷款困难，致使国有小农场没有长远发展规划，也没外来投资渠道，国家农业基础设施改造维护项目很少能照顾到国有小农场，导致国有小农场生产发展资金严重不足，只能维持简单再生产，缺乏发展后劲。

（二）职工权益缺失，生产生活困难。国有小农场职工普遍处于一种边缘化的境地，说是企业职工，他们没有工作，没有工资，说是农民，他们不能享受农民应有的权益，到底是企业职工还是农民，概念十分模糊，突出表现在以下三个方面。一是土地权属不明。职工耕种的土地属国有土地，耕种期限与退休年限挂钩，退休后土地交回农场，这与国家农村土地承包长久不变的政策相悖，导致职工对土地缺乏长久投入的信心。二是职工耕种的土地享受不到国家政策补贴，比如，不享受粮食补贴、良种补贴、化肥补贴、农机补贴，还有政策性农业保险等。三是职工普遍以耕种土地为生，不仅要上交承包费，还要经受农业生产波动大、效益低的影响，职工家庭收入普遍不高，一些职工家庭生活困难。

（三）管理体制不顺，职工缺乏归属感。突出表现在厂矿管理的小农场，由于企业实行独立核算，对农场的管理仅限于农场管理人员的人事安排，其他事情无力顾及，导致干部身份不明确、收入分配不公平，经营管理积极性不高，管理人员大多是企业分流的干部或下岗工人，不懂农业生产经营，生产经营随意性、盲目性较大。而地方政府受制于管理权限，又不便于将农场纳入管理体系，使厂矿管理的农场处于一种企业管不好，地方政府又管不了的境地。导致国有小农场土地利用率低，占有较多的土地得不到有效利用，极易出现国有资产的流失和管理干部腐败现象，农场职工长期处于一种游离状态，缺乏归属感和安全感。

（四）农业技术力量薄弱，科技服务水平低下。国有小农场普遍没有农业技术服务机构，也没有农业专业技术人员，农业生产经营管理落后，科技意识淡薄，对新知识、新品种、新技术掌握不多，技术服务长期无人指导，乡村振兴战略在国有小农场成为空白,促进农业科技创新,加快农业科技成果转化,更是无从谈起。

(五)生产、生活环境差,基础设施陈旧。大部分国有小农场地处山坡、荒地,生态环境恶劣,土壤沙化、盐渍化严重。房屋、设备和农田基础设施建造、购置于二十世纪七八十年代,按隶属关系由政府和厂矿企业出资兴建,近年来,由于国有小农场享受不到国家农业基础设施项目支持,企业也不再给农场补贴,导致农场部分房屋已倒塌,大部分设备陈旧老化不能使用,农田基础设施因年久失修,损坏严重,农业生产困难重重。

(六)失地人员多,维稳问题突出。近年来,随着城市扩建和各类工业园区的兴建,许多国有小农场的土地被征收。由于农场土地属国有土地,征收补偿标准低,每亩6800元,而职工拿到手的只有4000元/亩,造成许多职工生活无保障。如平罗农牧场近年来陆续有4000亩土地被征收,全场有136户职工失地,约占全场总户数的23.4%。失地职工土地补偿金不足以维持基本生活,只能外出打零工谋生,一部分职工年龄大,无技术就业无门的职工生活贫困,不断到政府部门上访,引发了新的社会不稳定因素。

三、对策建议

(一)明确国有小农场隶属关系,加大扶持力度。国有小农场作为一个独立核算、自负盈亏的经济实体,要促其发展壮大,必须将其纳入地方政府的管理,平等享受国家农业发展扶持政策。一是要将原隶属宁煤集团、自治区民政厅、自治区监狱局管理的5家国有小农场全部划归地方政府管理。二是地方政府要把国有小农场列入当地农业发展规划中,参与到农村集体产权制度改革试点,同时给予政策和项目资金上的支持,使国有小农场能够享受到国家改革发展的红利。三是要帮助指导国有小农场制定发展规划,树立长远发展的信念,使其与当地乡村同步发展。

大武口一矿农场经过改造成为远近闻名的旅游胜地

（二）推进国有小农场体制改革，明确职工的土地权益。针对国有小农场管理体制不顺、地方政府难以管理的局面，应采取以下三项措施全面落实农场职工的权益。一是对可以改为行政村的国有小农场，经职工代表大会讨论通过，可以改为独立的行政村，也可整体或分散划归其他行政村管理，纳入所在乡（镇）政府管辖。对暂不适宜改为行政村的国有小农场，可继续维持现有管理体系，但必须由主管部门和当地政府双重管理，先享受当地农村应有的优惠政策，待条件成熟时，逐步改为行政村。二是要明确职工的土地权益。国有小农场土地虽然属国家所有，但职工耕种土地的性质和农民是一样的，职工有权享受农民应该享受的权益。因此要将土地承包权交给职工，全面取消土地承包费，职工承包土地必须签订长久不变的土地承包合同，有条件的地方可以实行土地确权，发放土地确权登记证书，给职工吃上定心丸，激发职工对土地投入的积极性。三是要让职工享受种粮补贴、农机补贴、良种补贴等农民应该享受的一切待遇。职工在市区和城镇内居住的持有城镇户口的国有小农场职工转入社区，享受城镇居民应有的务工、养老、医疗等方面的优惠政策。

（三）拓宽资金投入渠道，因地制宜调整产业结构。鉴于国有小农场生产、生活环境差，基础设施老化，农业投入严重不足的局面，必须要进一步拓宽资金投入渠道，因地制宜地调整产业结构，才能走出目前的窘境。一是要在发展生态农业上做文章。国有小农场要根据自身的地理条件、生产条件来调整产业结构。地处荒坡风沙较大的地方，要大力发展生态防护林草。对漏水跑肥种植效益低的耕地，要退耕还林还草，大力发展畜牧业。由于农场大多是多级提水灌溉，种粮成本高，效益低，建议以发展经果林、饲草业为主。二是制定优惠政策，面向社会、商界、企业集团和个人寻求合作伙伴，引进人才、技术和资金投入，共同开发，共同受益。三是利用农场便于统一管理，能够规模化发展的优势，积极争取国家和地方农业产业化发展项目资金的投入，形成多元化的筹资渠道，增加农业投入，确保农场发展后劲和可持续发展。

（四）加强农业技术培训，努力提高经营管理水平。国有小农场要实现传统农业向现代农业转变，必须依靠科技进步和劳动者素质的提高。一是可就近挂靠县（区）乡（镇）农业技术推广服务机构，借力推广先进的农业生产技术，改变自身技术推广服务能力不足的问题。二是要采取多种形式，有重点分层次地对农场干部、职工、农场户进行农业技术培训，充分利用农广校、职业农民培训等，选送一批有文化、有志从事农业的青年干部和职工进行专业学习，为农场培养一支稳定的管理和技术人才队伍。三是借鉴外地同行的先进经验,努力提高农场经营管理水平,及时了解掌握先进的农业生产技术、良种动态,为改善农场经营环境、提高职工收入创造条件。

(五)切实解决好失地人员的工作生活问题,消除维稳隐患。失地人员是社会的弱势群体。解决好失地人员的工作生活问题是各级党委、政府义不容辞的责任。一是要建立健全社会养老保障机制,解决好失地人员的后顾之忧。二是要建立培训就业机制,提高失地人员的生存能力。地方政府要将国有小农场失地人员培训工作纳入到整个农村劳动力转移培训工作计划中,在提高失地人员竞争能力和创业能力的基础上,制定优惠政策,引导和教育失地人员转变思想观念,消除"等、靠、要"的思想,积极主动地自谋职业或竞争就业。对于一些年龄大,缺乏技能的人员可适当安排公益性就业岗位。三是建立健全居住安置机制,提高失地人员生活质量。房屋拆迁后,要按照国家有关规定给予失地人员合理补偿,解决好住房问题,保障失地人员有一个舒心的家,以良好的心态参与经济建设,确保社会稳定。

(撰稿:王晓斌、王学文、史 林)

石嘴山农村经济发展调研报告（2021）

集体产权制度改革篇

石嘴山市农村集体产权制度改革
激发乡村振兴新活力

石嘴山市被确定为全国农村集体产权制度改革试点市以来,采取试点先行、全面推开的方法步骤,扎实稳妥推进改革。截至目前,全市195个行政村全部完成了农村集体产权制度改革任务,清产核资村集体资产7.92亿元,其中经营性资产3.73亿元,确认集体经济组织成员32.47万人,配置股权93.77万股,成立村集体经济组织193个,其中村集体股份经济合作社160个,村集体经济合作社33个,全面完成改革试点任务。

一、主要做法

(一)加强组织领导,强化顶层设计。市、县、乡、村全部成立了书记挂帅的农村改革工作机构,建立了党政直接负责、部门协调服务、乡镇组织实施、村组具体操作的工作机制。将农村改革列入年度重点工作考核内容,量化分解任务,列出时间表、路线图,层层动员部署,分级负责落实,统筹压茬实施,确保了

石嘴山市农村集体产权制度改革试点工作推进会

农村集体产权制度改革稳步有序推进。市、县(区)分别出台了清产核资工作实施方案、集体收益分配使用管理暂行办法、农村集体资产股权量化分配实施办法、农村集体经济组织成员身份认定暂行办法、发展壮大村级集体经济若干政策等10多个配套政策,为开展农村集体产权制度改革确定了政策框架。抓好宣传动员,全市召开动员部署会、推进会和专题培训465次,培训4502人次,发放宣传资料5万多份,并通过大喇叭、宣传栏、微信群、微信公众号等新媒体进行了广泛宣传动员。

(二)把握关键环节,精心组织实施。一是分类核实集体资产。按照"清查、登记、核实、公示、确认、上报"六个环节,对村集体资金、资产、资源进行清查盘存、实地勘察、登记造册、评估量化,聘请第三方进行了审计核实,经村集体经济组织成员(代表)大会确认后,报乡镇备案,并进行张榜公示,接受群众的监督,取得群众的认可。二是科学确认成员身份。按照"以法律法规政策为依据、以村规民约为参照、以民主决策为兜底"的办法,统筹考虑户籍关系、农村土地承包关系、对集体积累作出的贡献等因素,按改制基准日进行排查、登记,综合村民的户籍、不动产证和土地承包经营权等因素,按程序、标准、办法进行认定,对于特殊情况,提交村民代表大会表决确定,保障了大多数村民权益,最大限度化解了矛盾纠纷。三是统分结合配置股权。成立村集体股份经济合作社的,统一将经营性资产、政府拨款、村集体积累和改革性收入折股量化到股东,统一按照15%的比例配置集体股,85%的比例配置成员股。分类、多元化配置成员股,成员股设置基本股、家庭股、贡献股、救助股,使不同群体成员都能享受到改革红利,体现了公正,彰显了公平。四是按章立制成立合作经济组织。实行经营性资产折股量化的村,成立村集体股份经济合作社。未实行经营性资产折股量化的村,成立村集体经济合作社。分类制定合作社章程,县(区)农业行政主管部门按照有关规定向村集体经济组织登记赋码。

(三)发展壮大村集体经济,释放改革红利。制定了《石嘴山市发展壮大村级集体经济若干政策的意见》,争取发展壮大村集体经济项目45个共4500万元。对财政支农、政府拨款等9646万元项目资金折股量化,注入股份合作社发展壮大村集体经济。各村立足实际,探索发展壮大集体经济发展的路径,形成了产业带动、资源开发、村企发展、三产融合、股份合作、资产租赁等6种模式,增强了农村集体经济发展的活力。

一是产业带动型。村集体经济组织开发集体资源、流转土地,通过自主经营、创办合作社、股份合作等方式，发展制种、瓜菜、草畜等特色产业，探索出发展产业增加集体收入、增加农民收入的发展路子。如平罗县小店子村成立农业专业合作社，吸收农户以土地入股集约经营，发展富硒稻米产业。渠口乡六羊村建设91座大棚种植蔬菜，带领群众发展设施瓜菜产业。大武口区兴民村集中流转土地，订单发展瓜菜产业。惠农区聚宝村盘活集体闲置盐碱地，发展采取"党支部+合作社+农户+基地+市场"的模式发展肉牛、肉驴产业。

二是资源开发型。村集体经济组织通过开发本村拥有的荒地、荒山、河滩、湿地、草原、沙漠等资源，发展乡村观光旅游项目，增加了集体经济收入。如大武口区龙泉村依托"山、村、田"的自然资源和龙泉山庄的旅游资源，开辟了农旅融合发展的新模式；惠农区银河村依托黄河湿地、草原等资源，大力发展乡村旅游业；简泉村依托特色瓜菜产业和烈士崖、化石沟、水库等"山水"资源，开发观光农业、红色旅游等产业。

三是村企发展型。村集体经济组织利用经营性资产、资金，通过创办合作社或入股、参股等农业企业等形式，以企带村、以村促企，实现互利共赢。如惠农区西河桥村引进辽宁"九龙川"绿色食用菌生产企业，合作发展绿色食用菌产业，走出了一条种植、加工、销售一体化发展的新路子，增加集体经济收入10万元。地埂村创办小型工程施工队、劳务输出组织、"南果北种"观光研学基地等，增加村集体收入16.5万元。大武口区潮湖村发挥村集体经济较强的优势，股份合作社集中支持、发展市场前景好、效益高的村办企业，2018年村集体经济收入达到280万元。平罗县崇岗村利用本村周边煤炭企业多的优势，成立供水专业合作社，为企业供水，每年增加村集体收入150万元以上。

四是三产融合型。村集体经济组织通过股份合作、创办领办专业合作社等方式，培育"一村一品"特色产业的同时，实现了一二三产业融合发展。如平罗县新丰村建设稻鱼、稻鸭产业基地，领办稻米加工厂，带动农民发展绿色稻米产业、稻米加工业、观光农业。六顷地村依托"乐海山"专业合作社，发展沙漠西瓜产业、产销服务业、休闲观光农业。惠农区通丰村参股庭丰糯玉米加工企业，创办合作社发展糯玉米和瓜菜产业、糯玉米加工业、农机服务业。马家湾村依托红果子绿色农产品加工园区、方歌农庄，大力发展农产品加工业、休闲农业，既增加了农民收入，也发展了村集体经济，村均增加集体收入10万元以上。

五是股份合作型。村集体经济组织整合利用闲置资产、集体积累资金、政府帮扶资金等，通过入股、参股或股份合作等形式发展集体经济。如平罗县庙庙湖村与宁夏华泰农农业科技发展有限公司合作，采取"龙头企业+合作社+贫困户"模式，发展沙漠瓜菜种植业，2018年实现村集体收入40.2万元，年就近季节性务工800余人，劳务收入1000余万元。惠农区和平村将政府帮扶资金折股量化后，入股到2个种养殖专业合作社，发展设施瓜菜、肉牛产业。大武口区星海村入股拢尚鲜种植合作社、有机肥生产厂，村集体实现股金收入14万元。

六是资产租赁型。村集体经济组织利用城郊优势，兴建农贸市场、宾馆、商业店铺、仓储设施等物业项目，通过自主经营或对外出租等方式，走出了一条收益稳、风险小的经营路子。如平罗县城关镇合作村经营农贸市场、对外承包宾馆，村集体年稳定创收40万元。平罗县新利村通过出租商业店铺、仓储设施，增加村集体收入30万元。惠农区下庄子村采取自主经营、房屋出租倾力打造的集商贸、物流、餐饮、休闲等多种经营业态为一体的失地农民创业商业圈。

二、取得的初步成效

（一）增强乡村振兴新动能。农村集体产权制度改革，摸清了村集体家底，明晰了产权归属，实现了"资源变资产、资金变股金、农民变股东"，沉睡的集体资产被有效盘活。这些盘活的资源资产是乡村振兴重要的物质基础，注入村集体经济合作社，发展壮大了村集体经济，折股量化给村集体成员，调动了农民群众的积极性，增强了乡村振兴新动能。2018年全市增加村集体收入460万元，17个村摘掉了"空壳村"的帽子。有10个村实现股民分红，分红总额339.98万元。

（二）激发乡村振兴新活力。农村集体产权制度改革，配套开展村集体资源有偿使用、集体经营性建设用地入市累计交易等改革，将各类村集体资源、经营性资产、支农资金、项目资金集中起来发展壮大村集体经济，通过村企合作、资源开发、股份制经营、合作社+农户等经营模式，形成了村两委、合作社、农户和社会资本、人才共同实施乡村振兴战略的良好机制，激发了乡村振兴新活力。

平罗县六顷地村分红大会

（三）培育乡村振兴新主体。农村集体产权

制度改革,成立村集体经济股份合作社或村集体经济合作社,有效地发挥了农村集体经济组织在管理集体资产、开发集体资源、发展集体经济、服务集体成员等方面的功能作用。村集体经济组织带领农民群众发展乡村产业,开发休闲农业项目,为农业生产、农村建设通过服务振兴乡村,成为乡村振兴新主体。

三、存在的主要问题

(一)村集体经济仍然薄弱。全市115个村集体经营性资产不足100万元,占总村数的59%。大部分村集体股份经济组织还没有运行,村集体经济收入主要靠土地、房屋和其他资产出租,集体经济发展潜力不足,带动农民增收能力不强。

(二)经营管理人才短缺。村支部书记平均年龄51岁,村干部队伍整体年龄偏大、学历偏低,没有从事过经营管理工作。从前段时间开展的"回头看"情况看,大部分乡村干部对农村改革政策掌握得不全面、不透彻,部分村改革的档案资料不全、不规范,如关键环节的资料村委会没有盖章、村民没有签字或按手印,清产核资没有明细等。大部分村集体经济组织负责人发展集体经济的思路不宽、办法不多。部分集体经济组织负责人认为投资发展风险较大,怕搞砸了会新增债务,会遭到村民埋怨,等待、观望的思想严重。

(三)配套政策缺失。集体经济合作社负责人全部由村两委班子成员兼任,按照现行政策,他们都不能在合作社领取任何报酬,没有形成有效的激励机制,影响了他们的干事创业的积极性。量化折股的经营性资产资金都还在村委会账上,划拨到村集体股份合作社还缺乏政策支持和管理措施。

(四)宣传引导不够。石嘴山市农村产权制度改革工作处于按试点方案推进和探索阶段,由于市、县(区)、乡镇负责农村改革的人员少,能力不足,不能很好挖掘农村改革工作中的好经验、好做法、好典型,导致试点工作"亮点少、经验少、声音小"。由于宣传引导不力,农民对产权制度改革的认识不到位,投入改革的积极性不高。

四、下一步工作措施

(一)重点抓好发展壮大集体经济。落实《石嘴山市发展壮大村级集体经济若干政策的意见》,把改革的重心放在发展壮大村集体经济上,盘活资源、激活资产、调活人员,创新发展模式,落实好激励政策,充分调动集体经济组织负责人干事创业的积极性,让合作社运营起来,提升农村集体经济实力。

(二)加强村集体经济组织负责人培训。配合、实施好市委组织部、市党校农村两个带头人培训项目以及农村改革项目，培训村集体经济组织负责人100人以上，开展一次全市农村产权制度改革互观互学和经验交流活动，切实提高集体经济组织负责人的政策、经营、管理、发展的能力和水平。

（三）做好宣传和总结验收工作。深度总结、提炼可复制、能推广的做法和经验，加大宣传和推广，培树典型，打造亮点，把"石嘴山经验"推向全区、全国。对标对表做好10月份验收的各项准备工作，保证顺利通过国家的验收。

（四）强化农村集体资产管理。巩固清产核资、股权量化的成果，加强农村集体资产管理，加强村级民主监督机制，确保农村集体资产"改得好、用得好、管得好"。

（五）完善促进农民财产性收入增加的长效机制。通过"三块地"有偿转让或出租，发展股份合作经济实现分红，建立小农户和现代农业发展有机衔接等多种方式增加农民收入、脱贫富民。研究完善股份合作经济分红机制，防止发生新的分配不公和微腐败等问题。

（撰稿：丁静红、田　帅、董明华）

探索集体经济新机制　激发乡村振兴新动能

——石嘴山市发展村集体经济经验做法及思路

　　发展壮大村集体经济是党组织增强凝聚力、提升组织力的重要支撑,是推动乡村振兴、促进农民增收致富、引领农村全面建成小康社会的重要途径。近年来,石嘴山市借助农村集体产权制度改革,立足农村实际,积极探索,大胆实践,着力破解村集体经济发展难题,村集体经济发展壮大呈现出百花齐放、蓬勃发展之势。

一、发展壮大村集体经济成效显著

　　(一)增加了村集体经济收入。2020年,石嘴山市通过申报获得自治区支持村集体发展项目41个,资金4100万元。平罗县33个村中有11个村的项目实现净收益56.1万元,5个村自主经营销售收入22.54万元;惠农区马家湾子镇下营子村与企业合作光伏大棚食用菌种植项目,实现年纯收入5.5万元,红果子镇五渠村入股奶牛养殖托管项目,当年纯收入15万元。截至12月底,全市年经营收入5万~10万元的村55个,10万~20万元的村65个,20万~30万元的村8个,30万~50万元的村36个,50万~100万元的村15个,100万元以上的村13个,200万元以上的村3个。2020年全市村集体经济经营收入达到6577.51万元,是产权制度改革前2017年的2.2倍,增长120%,实现了村集体经济跨越式发展。

　　(二)建立了村集体经济发展机制。通过建立村集体经济组织,探索政经分离,明确了农村集体经济组织市场主体地位,探索推行"党支部+经济(股份经济)合作社"模式,合理划分了村支"两委"职责,使村党支部回归基层党建职能、村委会回归社会管理服务职能、村集体经济组织回归集体资产经营管理职能,激活了村集体经济组织自我发展的内生动力。惠农区东永固村股份经济合作社理事长,是一名返乡创业大学生,在村"两委"支持下,以枸杞产业为主导,走集种植、加工、销售为一体的产业融合发展路子,与浙江鲁家村结对加入"全国百强村"联盟,打造"天下枸杞第一村",2020年,该村村集体经济收入快速增长,达到498.96万元，经营性收入275.7万元。

（三）促进了特色产业发展。项目实施村利用本村特色资源发展壮大村集体经济，多数村在生产经营中示范应用优良品种、先进技术，发展特色产业。平罗县宝丰镇中方村、灵沙乡光明村、黄渠桥镇联丰村通过产业基地建设，有力地带动了当地肉羊养殖和设施瓜菜产业的发展。平罗县小店子村成立农业专业合作社，吸收农户以土地入股集约经营，同中粮米业合作，发展富硒稻米产业。六顷地村依托已有的"乐海山"西瓜合作社，村委会争取资金投资建设西瓜交易市场、西瓜园区，成立2个家庭农场，辐射带动全乡及周边西瓜产业种植面积达到3万亩；惠农区聚宝村采取"党支部+合作社+农户+基地+市场"的模式建养殖园区，发展肉牛、肉羊产业。李岗村通过项目带动，建设121座大棚租赁给周边农户种植西甜瓜，打造"李岗西甜瓜"品牌，2020年村集体流转农民土地350亩，种植娃娃菜、甘蓝等，实现年经营性收入43.7万元，走出了一条特色产业发展之路。

（四）盘活了村集体资源和资产。通过项目资金注入，资源变资产，使村集体闲置小学、荒地、湿地等建设用地和闲置资产得到有效利用。平罗县城关镇前锋村利用集体荒地建设养殖场发展蛋鸡养殖、姚伏镇姚伏村利用集体荒地改建鱼池发展水产业；大武口区星海镇星光村利用闲置学校，抓住隆湖村民食醋风俗文化习惯，建食用醋厂；惠农区红果子镇银河村依托黄河湿地、万亩草原等资源，大力发展乡村旅游业。简泉村依托本村贺兰山下化石沟、蓄水水库等特有资源，开发观光农业、生态旅游和水上休闲娱乐等一二三产业融合项目，每年为村集体增加经营收入15万元以上，不仅盘活了村集体资源，而且为村集体经济带来了可观的经济收益。

大武口区星光村利用闲置校舍改建醋厂

（五）带动了农民增收。通过项目实施，带动农村产业发展。2020年平罗县项目实施共吸纳农村劳动力806个，增加项目村周边农民劳务收入300多万元，带动周边3000户农户发展"一优四特"产业，村集体发展壮大、村民收入增长，平罗县庙庙湖村是产权制度改革收益最大的村之一，将各级政府项目发展资金、扶贫资金等转化为村集体资产变为股份，实现"人人持股"。近年来，该村共实施壮大村集体经济项目11项，净收益142.16万元，分红109.4万元，最高每股分红205元。目前，全市已有60个村实现股份分红，分红金额超过2000万元，消灭了年经营收入在5万元以下的"空壳村"。

2021年庙庙湖村召开股份经济合作社集体股份分红大会

二、主要经验及做法

（一）抓好把舵定向，精心部署，强化领导。为了确保扶持村级集体经济体发展试点工作扎实稳步开展，全市坚持做到"三个坚持"。一是坚持专题研究。市委、市政府主要领导多次召开专题会议，研究和调研发展壮大村集体经济工作，研究制定扶持村发展壮大村集体经济指导意见。二是坚持强化组织领导。明确目标任务、工作进度、资金管理、项目效益、责任主体等内容，市委组织部、财政局、农业农村局按照各自职能，合力推进项目实施，把扶持壮大村级集体经济工作情况纳入县区、乡镇党委书记抓基层党建述职评议考核的重要内容，不定期督促指导，确保项目实施稳妥推进。三是坚持科学规划。在深入调研的基础上，市财政局、农业农村局制定了《关于发展壮大村级集体经济若干政策的意见》和《发展壮大村级集体经济资金管理办法》等11项制度，对全市扶持村级集体经济发展思路、目标任务、重点工作、制度建设、资金监管等方面提出了建设性意见。

（二）抓住优势资源，拓宽思路，因村制宜。发挥资源优势，找准发展路子，是扶持发展村级集体经济的重要环节。全市农村产权制度改革，盘活了农村闲置资源资产，丰富了集体经济发展路径。目前，全市成立集体股份经济合作社160个、集体经济合作社33个。各村积极探索盘活资源开发型、特色产业带动型、资产租赁发展型、整合资金自主经营型、村企股份合作型、能人带动发展型6种集体经济发展模式为重点，累计实施发展壮大村集体经济项目125个，2020年，全市经营性收入10万元以上的村达到140个，占全市195个村的71.8%，村集体经济逐步从单一走向多元，夯实了村级组织自我"充电"和"造血"功能，为乡村振兴提供了坚实的经济基础。

（三）抓实保障措施，多措并举，形成合力。平罗县成立平罗县扶持壮大村级集体经济工作联席协调机制，各成员单位按照职责分工，各负其责、密切协作；惠农区委组织部、农业农村和水务局、财政局、审计局组成联合检查组，对年度实施的扶持壮大村集体经济项目实施情况进行督查。为提升村级班子和广大农民发展集体经济、管理村级事务的能力，拓宽各级领导干部发展壮大村集体经济思路；市农业农村局联合自治区农经站组织发展壮大村集体经济培训班，对全市各村书记或村主任进行培训，全区观摩，极大地调动了乡镇村干部发展壮大村集体经济的热情和积极性。市政府出台村股份经济合作社发展奖励政策，对当年新增利润提取20%给予奖励。平罗县则对年经营性净收入在5万元以上的村，提取净收入的8%给予村"两委"班子成员奖励补助，2020年，共兑现补助奖励资金100多万元。

（四）抓紧规范管理，强化督导，稳妥推进。严格按照以增强村级集体经济实力为目标，以农村集体资产、资源、资金等要素有效利用为纽带，以土地股份合作、农业生产经营合作为经营形式，调动村集体成员积极性，增强村集体自我发展、自我服务、自我管理能力和水平的要求，优化、完善项目实施方案申报工作，并向上级部门备案，无特殊原因，一经备案不得随意变更项目内容和资金使用范围。强化督导指导，规范资金使用，加强对项目的监管，要求凡是涉及基础设施建设、设备采购等固定资产投资的，全部实行项目招投标制、项目合同制和项目监理制，切实规范财政资金的使用，确保项目实施稳妥推进。

三、存在问题

（一）发展壮大村集体经济认识有待提高。尽管各村均成立了村集体经济组织，但集体经济组织负责人对章程制度、运行机制等认识还不够，没有充分运用产权制度改革成果推进"资源变资产、资金变股金、农民变股东"深入改革；没有建立起发展壮大村集体经济同农民切身利益联结机制，个别乡镇、村对发展村集体经济的认识还不到位，主动为村集体谋划发展的意识不强，没有把村集体发展壮大同乡村振兴很好衔接，对如何发展壮大、实施乡村振兴，如何带动广大农民增收,增强自身发展壮大的思路不宽、积极性不高。

(二)发展壮大村集体经济缺乏人才支撑。当前,全市农村两委班子成员及集体经济组织经营负责人普遍存在年龄较大、文化程度较低的现象,部分村干部思想僵化、观念守旧、"等靠要""求稳怕乱",主动为村集体谋划发展的意识不强,对申报的发展项目,还不能充分利用本村资源优势、市场优势。村集体发展经营中有头脑、会管理、懂经营的管理人才,是当前制约农村集体经济发展壮大的最大因素。

(三)监管制度建设不够完善,管理水平不高。尽管我们制定了全市村集体经济组织多项管理制度,各村均制定建立了股份经济合作社章程和财务管理制度,但一些村的章程还不够规范,内部管理制度落实不到位,理事会、监事会、股东代表大会作用发挥不够,在内部财务运行、用工管理、成本控制等方面还存在管理水平不高、成本控制乏力、措施不到位等问题。同时,相关部门对村集体经济组织发展项目监管力度不大,导致有些村发展项目难落实,实施内容一变再变,个别发展项目由于管理不善,甚至出现亏损的情况。

四、下一步工作思路

(一)进一步加强配套制度建设。指导建立、完善内部控制制度、生产经营管理制度等成本核算制度、股权配置和资金收益分配等财务管理制度,确保村经济组织单独核算,规范运行。探索建立绩效考评机制,定期进行阶段性绩效评价,对成效显著的村在财政奖补等方面予以支持,对发展好的村集体经济组织理事会和监事会成员,取得成绩突出的,给予重奖。

(二)进一步强化项目组织管理。指导村集体经济组织建立健全合作社理事会、监事会和股民代表大会,充分发挥各自职能,重大事项按照合作社章程会议研究决定。推进村集体经济组织承担小型村庄建设项目,参与农业生产托管服务项目,进一步拓宽村集体经济发展路径,管理上细化村股份经济合作社理事会、监事会成员分工,确保分工明确、责任到人。

(三)进一步加强项目资金监管。高度重视项目运行和资金监管,通过法定程序选拔村集体经济组织负责人,多部门参与加强对发展村集体项目实施的监管,随时掌握村股份合作社的经营状况,及时发现问题,防范和化解风险。特别要加强对项目资金监管,规范财务收支和管理,强化监督检查,充分发挥监事会职能,全面监督合作社业务及资金运行,杜绝资产使用非项目化,确保资金使用安全高效。

（四）进一步加大资金整合力度。建立扶持村集体经济建设项目协同推进机制，优先支持现有试点村，整合产业发展、合作社发展、农产品加工、产业园区、村级"一事一议"等项目资金，推进"投改股"试点，把投入农村项目资金、扶贫和捐赠资金等变为村资产，让所有村集体成员入股受益。继续盘活用活村集体现有资源、用好集体资产、发挥各村优势、找准市场定位，因村施策，从基础设施、产业引导、技术引进推广等方面大力支持村集体经济发展壮大，加快推动乡村振兴战略实施。

（撰稿:史　林、田　帅、董明华）

石嘴山市扶持村级集体经济发展
试点情况的调研报告

党的十九大提出实施乡村振兴战略,把深化农村集体产权制度改革,壮大村集体经济作为深化农村改革的重大任务进行了安排部署。近年来,石嘴山市积极探索扶持壮大村集体经济发展新途径,按照"因村制宜、发挥优势、项目带动、分类实施"原则,盘活农村集体资产,增强村集体自我发展能力,实施财政项目扶持,不断增强村级集体经济自身"造血"功能,实现了村级集体经济总量增长、效益提高、实力增强的目标。

一、总体情况

石嘴山市2016—2018年共争取到扶持村级集体经济试点村39个,资金7800万元,其中2016年试点村10个,资金2000万元;2017年试点村12个,资金2400万元;2018年试点村17个,资金3400万元。39个试点村中,平罗县24个,资金4800万元;惠农区14个,资金2800万元;大武口区1个,资金200万元。截至目前,30个试点村已完成项目建设,6个村项目正在建设,3个村项目未开工建设。

2018年,按照国家级农村集体产权制度改革试点市要求,全市195个村全部完成清产核资,清产核资总额7.92亿元,其中经营性资产3.73亿元;集体土地面积180.27万亩,农用地面积149.00万亩;195个村完成了集体经济组织成员身份界定,共界定成员32.47万人;195个村全部完成了农村集体产权制度改革工作任务,逐步探索壮大村集体经济实现形式。全市打造的20个壮大村集体经济示范村取得示范引领效果。按照农村产权制度改革要求,每个村设立一个农村经济合作社,充实农村集体产权权能。没有集体经营性资产的村成立农村经济合作社,有集体经营性资产的村成立股份经济合作社,全市已成立村集体股份经济合作社160家,村集体经济合作社33家,发展壮大村集体经济的组织架构逐步形成。

二、主要做法

（一）加强带头人建设，助力村集体经济发展。一是完善选人机制。以开展"三大三强"行动、推进"两个带头人"工程为载体，注重选拔懂经济、会管理、有思路的复合型人才进入村班子，引领带动村集体经济发展。二是加强教育培训。充分发挥各类培训平台和各类教育资源，采取多种形式，有针对性地开展市场经济、股份合作、财务管理、经济合同管理等专业知识培训，不断提高村干部的经营管理水平和驾驭市场经济的本领。三是激发干部活力。以激发农村党组织带头人积极性、主动性、创造性为出发点，通过选树典型进行表彰，优先推荐"两代表一委员"，增强政治荣誉感；实行村干部待遇与党组织星级评定等次挂钩，对村集体经济年经营收益好的，每年提取一定比例用于村"两委"班子成员奖励，促使基层党组织带头人队伍充满活力。四是建立合力共建的帮扶机制。不断深化机关干部"下基层"和"下农村、送政策、促发展"两项活动，建立厅级干部包县（区）、市县（区）两级干部包乡、乡镇干部、第一书记和驻村工作队等包村结对帮扶机制，从班子建设、发展规划、资金和项目等方面对相关村进行结对帮扶，通过资源整合促使村集体经济项目不断做大做强。

（二）加强组织领导和政策引导，全力推动项目落实。市委、市政府高度重视村级集体经济发展，由市委农村工作领导小组对全市村级集体经济发展进行统一安排部署，制定印发了《关于发展壮大村级集体经济的若干政策意见》，从加大项目资金扶持、创新村集体经济扶持方式、完善激励奖补机制等10个方面对全市村级集体经济发展给予政策资金支持，为加快培育发展壮大全市村级集体经济提供有力保障。明确进一步扩大农村集体资产股份权能改革范围，在全市打造50个壮大村集体经济示范村，探索适合全市村集体经济发展的新路径新模式。县区在试点村项目推进中，成立由县区主要领导为组长，财政局、农业农村局、自然资源局、农经站、各乡镇为成员单位的扶持村级集体经济发展试点工作领导小组，明确职责分工，协调推进落实。县区主要领导多次调

研发展壮大村集体经济项目,专题研究相关事项,定期专题督查通报项目实施进度情况,有力地推动了项目落实。

(三)规范项目建设程序,强化资金监督管理。试点村均成立工作领导小组,召开村民大会、村民代表会议,民主议定经营模式、经营项目等,采取多种方式进行公示,接受群众监督。严明工作职责,严禁随意变更项目实施内容、改变资金用途,如需变更,必须召开村民代表会议进行表决。按照项目建设要求,严格落实项目法人责任制、招投标制、合同制和监理制,加强对建设资金、工程质量和进度的监督管理。推行集体经济组织财务工作第三方机构审计机制,平罗县聘请中介机构对2016—2017年度16个试点村项目效益情况进行了审计和评估。严格规范财务管理,村集体办的合作社注册成立后,合作社在金融机构开设银行账户,财务独立核算,单独设立会计人员,财务支出实行会审会签制度。财政、农业农村部门定期督查试点村财务运行情况,严格规范会计科目、账务处理和报批手续。

(四)统筹整合使用资金,合力推进项目实施。县区统筹整合"一事一议"项目资金、脱贫攻坚、特色优势产业发展、农村公共服务设施建设等涉农发展专项资金,多方筹集资金支持试点工作,合力推进项目顺利实施,解决了村集体经济发展项目资金不足的问题。

(五)立足实际因地制宜,探索发展壮大村集体经济发展路径。目前全市各县区立足实际因地制宜,结合各村优势,发挥自身特长,探索发展壮大集体经济发展的路径,形成了产业带动、资源开发、村企发展、三产融合、股份合作、资产租赁等6种发展模式。

三、工作成效

一是村"两委"班子凝聚力战斗力显著增强。通过开展扶持村集体经济试点项目,增强村集体经济实力,在为民办实事中,切实增强了村集体引领发展、服务群众的能力,村党支部、村委会的凝聚力、向心力、战斗力显著增强,村两委班子充分发挥发展村集体经济主心骨的作用,团结带领村民干事业、谋发展、促增收。人民群众普遍形成了发展村集体经济"利益共享,风险共担"和"你中有我,我中有你"的浓厚氛围。

二是村集体经济收入明显增加。根据第三方中介机构审计评估,平罗县16个试点村中除头闸镇西永惠村、高庄乡同进村外,均实现了净收益,平均收益7.9万元,最高收益42.9万元。惠农区初步评估,试点村年收益率稳定在8%~

10%,部分村收益高于10%,如红果子镇宝马村、礼和乡银河村,大武口区试点村项目收益稳定在5%,试点工作取得了初步成果。

三是村集体治理机制逐步形成。通过建立村集体经济组织,探索政经分离,明确了农村集体经济组织市场主体地位,合理划分了村支两委职责,使村党支部回归基层党建职能、村委会回归社会管理服务职能、村集体经济组织回归集体资产经营管理职能,激活了村集体经济组织自我发展的内生动力。

四是特色产业发展带活了乡村振兴。试点村结合各自特点,大力发展设施农业,坚持一村一特色,村村有亮点。从优质量产到休闲采摘,各村多方考察、实地观摩,大力引进新材料、新技术,全面提高市场竞争力,实现农业提质增效。大部分试点村均能在生产经营中示范应用优良品种、先进技术和农机农艺措施。如平罗县通伏乡新丰村、姚伏镇小店子村、高仁乡六顷地村、城关镇小兴墩村,通过基地建设,有力地带动了当地优质稻米和设施瓜菜产业的发展。

五是增收渠道不断创新。各试点村成立村集体经济组织,由村集体经济组织主导开展经营活动,以市场为导向,充分激发村集体经济组织自身"造血"功能,在发展传统农业生产之外,利用自身优势,探索开展多样化经营,不断创新增收渠道,开发乡村旅游、劳务输出、工程承揽等多重功能,壮大村集体经济。

六是村集体资源和资产得到盘活。通过项目资金注入,资源变资产,使村集体闲置小学、荒地等建设用地和固定资产得到有效利用。如黄渠桥镇五星村闲置的小学、威镇村1300亩湖泊、小店子村7.9亩集体荒地通过改造利用,城关镇小兴墩村9.72亩集体经营性建设土地入市,产生了较好的效益。

七是农民收入不断提升。试点村项目的实施,有效带动了农民收入的增长,如平罗县16个试点村项目共吸纳农村劳动力707人,增加农民劳务收入234.6万元,带动周边2344户农户发展"一优四特"产业,增加经营性收入706.9万元,户均增收3015元,较2017年度有了明显提升。

四、存在问题

一是村集体经济组织制度建设有待完善。尽管各试点村村集体经济组织均建立了相关规章制度,但一些村的章程还不够规范,个别村的理事会、监事会成员结构不合理、股权设置、利益分配机制问题仍然不够明确。此外,合作社的激励机制均未建立,对于发展村集体经济较好的村集体经济组织理事会、监事会成员没有具体的奖惩标准。

二是村集体经济组织内部管理水平有待提高。由于村级组织缺乏专业的经营管理和项目管理人员,个别试点村集体经济组织内部管理的组织化程度不高,分工不够明确,缺乏有效的制度约束,管理随意性较大,在内部财务运行、用工管理、成本控制、技术操作规程等方面还存在管理水平不高、成本控制乏力、农机农艺措施不到位等问题。

三是发展村集体经济的认识有待提升。尽管试点村成立了村集体经济组织,但部分集体经济组织负责人思想守旧,缺乏开拓创新精神,跟不上市场经济新形式,对章程制度、运行机制等认识还不够深刻,个别村对发展村集体经济的认识不够明确,主动谋划发展的意识不强,观念还没有转变,把扶持壮大发展村集体经济项目混同为一般的财政奖补项目,对如何发展壮大村集体经济、如何带动广大农民增收,增强自身"造血"功能的思路不宽、积极性不高。

四是村集体资产保值增值能力有待加强。个别村在村企(社)合作中资产评估、股权配置等方面存在一定的问题,尽管聘请了专业公司进行合作社资产评估,但仍然存在着合作社资产评估过高的问题,其中掺杂一些无效资产。在股权配置方面,村集体与社会资本配置不合理,极易导致项目实施后续资金的安全隐患。同时,对村集体资源缺乏有效的开发手段,致使许多资源闲置浪费,村集体资产保值增值能力有待加强。

五是农户参与村集体经济发展利益共享机制尚未建立。按照风险共担原则,试点村虽然有部分农户以土地入股合作社,应该按入股土地折算的股权作为分红依据,待年终实现盈余后领取收益,但农户对村集体经济组织经营能力尚不信任,往往在年初就以土地出让金的形式收取保底分红,致使合作社流动资金紧张,不利于生产经营发展。还有一部分农户存在观望心理,入股参与合作社的积极性不高,村集体经济组织自身经营管理能力有限,对农户没有形成足够的吸引力。

六是项目存在资金缺口。目前村集体经济普遍实力较为薄弱,且收入来源单一。对于一些发展前景好,产业链延伸长的项目,如乡村旅游+农产品采摘,农产品收购、加工、销售等项目,项目资金需求量较大,试点项目资金只解决了部分基础设施资金,对于配套设施和后续运行的流动资金,还存在很大的资金缺口。

五、工作建议

(一)进一步加大资金扶持力度。一是加大财政资金扶持力度。继续扩大自治区财政扶持壮大村级集体经济项目试点范围,完善项目资金使用办法,考虑将项目补助资金额同项目投资额及项目投资回报率相挂钩,相应提高项目最高补助金额；对一些经济薄弱村、贫困村，可以采取"抱团发展"的模式扶持发展。由市、县构建村级经济发展联合大平台，以村为单位建立"联营公司"，所加入的经济薄弱村、贫困村分别入股成为公司股东；资产属于村里，运作在市级、县级层面进行，各类扶贫资金和资源相对集中投入，将以往的纯粹"输血"改为"造血"，公司运作取得的红利由各股东村共享。二是加强村级运转经费保障力度。进一步建立健全村级组织运转经费保障的长效机制，保障村级组织依法履行职能，逐步形成可持续增长的村级组织运转经费保障机制。建议重点对村集体收入在5万元以下的、正常工作经费维持难的村给予财政补助。三是加大帮扶力度。深化部门帮村制度、村企结对制度，把扶持重点从解决基础设施建设转到解决集体经济增收上来。用好管好对经济薄弱村、贫困村的帮扶资金，加强各类帮扶资金与各类扶持资金的统筹使用。深入开展机关干部"下基层"和"下农村、送政策、促发展"两项活动，实施并长期坚持各级领导、部门包村帮扶、驻村指导等结对帮扶活动，从班子建设、发展规划、资金和项目等方面对相关村进行结对帮扶。

（二）配强配好基层力量。一是加强农村基层党组织建设。选优配强村党组织带头人，把思想政治素质好，有知识、有见识，思路宽、点子多，懂经营、会管理，热爱农村、对农民有感情，能团结带领群众共同致富的优秀党员选拔为村党组织书记，加大从优秀村党组织书记中选拔乡镇领导干部、考录公务员和招聘事业编制人员力度。二是强化人才支撑。着力抓好招才引智工作，引导高校和科技、农林水等部门专业技术人员下乡进村挂职、兼职或离岗投身乡村，创造良好条件，打好"亲情牌""乡愁牌"，打造一支新型职业农民队伍。深入实施"引凤还巢"工程，构建便捷高效的创业服务平台，引导高校毕业生、复转军人、返乡农民工、致富带头人等各类人才到农村创业创新，成为带动一片、富裕一方的新农民。三是强化培训，提高能力。按照懂农业、爱农村、爱农民的要求，加强"三农"队伍的培养、配备、管理和使用，切实增强政治领导本领、科学发展本领和运用法治思维、市场化办法破解"三农"问题的能力，提高自主发展村级集体经济的意识，提升自我发展村级集体经济的能力。四是注重激励，激发动力。把村干部的工资待遇与集体经济的发展、集体资产积累有机挂钩，以形成内在的激励机制，对发展集体经济有成绩的村干部进行表彰、奖励，有突出贡献的予以提拔重用，激发村干部发展集体经济的内在动力。

（三）进一步加强配套制度建设。指导建立、完善村集体经济组织内部控制制度、生产经营管理制度、材料出入库等成本核算制度、股权配置和资金收益分配等财务管理制度,确保单独核算、规范运行。注重项目实施过程档案资料收集和整理,建立一整套项目资料。探索建立绩效考评机制,定期进行阶段性绩效评价,对成效显著的村在财政奖补等方面予以支持,对村集体经济组织理事会和监事会成员给予一定激励。指导试点村建立健全合作社理事会、监事会和股民代表大会,充分发挥各自职能,重大事项按照合作社章程会议研究决定。进一步细化集体经济组织和合作社理事会、监事会成员分工,确保分工明确、责任到人。

(四)进一步推动农村"三变"改革。建立村集体经济发展壮大长效机制。充分利用农村改革所取得的成果,在已取得试点项目初步成效的基础上,深层次推动农村集体资源变资产、资产变资金、农民变股东,建立农户、合作社、村集体利益联结机制,让广大人民群众充分享受试点项目成果,享受农村改革所释放出来的红利,使村集体经济具有"造血"功能,建立集体经济发展壮大长效机制。

(五)建立健全扶持村集体经济的配套政策。建议国家、自治区层面在制定出台支农惠农政策时,向扶持和发展村集体经济方面倾斜,如是否减免税收的问题,做到扶上马,送一程,使村集体经济逐步发展壮大。

(六)加强监督考核。将发展壮大村集体经济项目实施情况纳入目标考核和农村基层党组织建设考核,重点把握发展壮大村集体成效,将集体经济项目培育、集体资产保值增值、股权经营收益等作为重点考核内容。相关部门定期组织人员对村集体经济发展情况进行督查,并将督查结果作为年度考核的主要依据。

(撰稿:李　虹、刘　斌、陈淑娟)

石嘴山市村集体经济发展现状、
存在的问题及对策建议

近年来,石嘴山市紧抓自治区扶持村集体发展项目资金的机遇,深入推进农村集体产权制度改革,创新农村集体经济运行机制,发展农村集体经济组织,发挥村党组织对集体经济组织的领导核心作用,形成了自主经营、资源开发、股份合作、村企合作、委托经营等可推广的经验和模式,带动农村产业发展、农村集体经济壮大、农民收入持续增加,有力促进乡村振兴。

一、全市村集体经济发展现状

石嘴山市辖一县二区,现有耕地面积128.79万亩,农业人口31.6万,有农户9.1万户,共有22个乡镇(街道)、194个行政村(海燕村未统计)、1425个村民小组。据统计,2017年全市村级集体经济收入5万元以下的村有40个,占总村数的20.6%;村级集体经济收入5万~10万元的村有44个,占总村数的22.7%;村级集体经济收入10万~20万元人村有51个,占总村数的26.3%;村级集体经济收入20万~50万元的村有33个,占总村数的18.6%;村级集体经济收入50万~100万元的村有20个,占总村数的11.9%;村级集体经济收入100万元以上的村有7个,占总村数的3.6%。

(一)全市村级集体经营情况。2017年全市村级集体经济总收入为6410.95万元,其中经营性收入总额为684.9万元,主要来源于农村宅基地超占面积收费、集体土地承包费、集体资产出租、牛羊托管、股份合作分红收益及其他经营性收入;村集体支出4086万元,主要用于基础设施建设、文化活动、卫生保洁、治安联防、村民医保社保、村级组织办公经费等。

(二)各级财政支持村集体经济发展情况。扶持发展壮大村级集体经济,让农民共享改革成果是农村综合改革的重要目标之一,也是农村综合改革的出发点和落脚点。2013—2015年自治区财政投入全市壮大村集体资金2675.8万元,

石嘴山市2017年村级集体经济收入情况

分类＼分布	总　额	分　项	
2017年收入情况	6410.95万元	经营性收入	684.9万元
		投资收益	220.1万元
		集体资源资产发包及上交收入	979.2万元
		上级拨付	2888.6万元
		其他收入	1638.1万元
2017年支出情况	4606万元	管理支出	843.5万元
		公益支出	177.5万元
		经营支出	670.5万元
		其他支出	3092.1万元

石嘴山市2017年村级集体经济收入分布情况

分类＼分布	<5万元	5万~10万元	10万~20万元	20万~50万元	50万~100万元	>100万元
数量(个)	40	44	51	33	20	7
占比(%)	20.6	22.7	26.3	18.6	11.9	3.6

其中市财政拨付2450万元,乡(镇)配套225.8万元。涉及70个村,74个项目,项目总体运行良好,累计实现收益361.74万元。2016—2018年,国家和自治区财政投入资金7800万元,涉及38个村,39个项目。截至目前,第一批10个项目已完成投资1760.58万元,共形成晒场、仓储、蔬菜大棚、机械设备等固定资产705.74万元,项目平均收益20.8万元,最高达43.7万元;第二批12个项目已全部开工建设、有序推进;第三批17个项目正在进行前期准备工作。到2017年全市村集体经济收入达到6410.94万元,是2013年3941.09万元的1.63倍。通过项目实施,村集体收入的增加,村委会带头人腰杆子硬了,说话底气足了,能更好地为农民办实事,带动村民发展农业优势特色产业和农民增收,达到了项目带动发展的预期目的。

二、石嘴山市村集体经济发展主要经营模式

（一）自主经营型。项目是壮大村集体经济的基础，自主经营是发展壮大集体经济的有效方法。在探索壮大村集体经济过程中，结合本村优势主导产业，确定经营项目，自主经营，最大效应发挥项目的增值。平罗县小店子村成立平罗县小店子金福源农业专业股份合作社，在利用自治区扶持发展壮大村集体经济项目基础上，争取"好粮油""稻渔养殖""高质高效"等农业发展项目资金251万元，共计投入330万元，流转1030亩土地，大力实施优质水稻订单种植，打造"小店子"品牌。2018年合作社收入50万元，村集体收入15万元。

（二）资源开发型。因地制宜，依托资源优势发展产业也是壮大村集体经济的有效途径之一。利用村集体"四荒地"、养殖水面、水资源等资源，集中开发现代农业项目。平罗县崇岗村利用贺兰山山泉水自然资源，成立了农业供水服务专业合作社，累计投资240万元，建设用水管道、改造深井泵房，实施供水改造工程，为企业、居民、农田提供供水服务，发展用水商品经济。2018年崇岗村实现村集体经济收入120万元。

（三）股份合作型。2018年以来，全市紧抓国家级农村集体产权制度改革试点市的有利契机，利用土地、山林、闲置资产等可利用的资源和项目资金，与专业合作社或农业龙头企业合作发展股份制经济，推动农业产业规模化经营、资源资产滚动式升值，在增加集体收益的同时，保证农民享受农村改革所带来的红利。平罗县威镇村依托威镇湖资源，村集体注册成立了威镇股份经济合作社，实行股份经济，发展水产养殖产业。入股农户1460人，合作社占股51%，村民占股49%，累计投资468万元，2017年，村合作社实现集体收入20万元，村民实现人均分红130元。

（四）村企合作型。村企合作实现共赢是实现壮大村集体经济的有效途径

威镇村股份经济合作社成立，农民拿到了股东证书

之一,既可以解决村集体经济发展经营管理人才匮乏的问题,也使村集体经济组织引进的项目或资金有了发展壮大的依托。同时,村集体在保底分红提取利润的基础上,剩余利润按照约定比例分红,双方互赢,确保了集体经济的保值增值。平罗县小兴墩村依托自治区扶持村集体发展项目,成立土地股份合作社,流转土地206亩,建设18座高标准蔬菜大棚,交给平罗县盈丰植保农业专业合作社经营,项目总投资396.48万元。按照"市场营销+订单农业"模式发展高效设施农业生产,直接带动本村剩余劳动力180人就近务工,实现当年建设当年生产当年盈利的目标,2018年收入13.8万元,利润8.1万元,同时带动周边农户种植香菜500亩,每亩增收1.2万元,村集体每年取得保底分红8万元。

(五)委托经营型。村集体组织不直接从事生产经营活动,将资金委托给企业、合作社等经营,获取固定收益。具体做法是与企业或合作社签订资金投资协议,确定资金固定投资收益,无论企业经营盈亏,村集体定期获得固定投资收益,全市实施发展壮大村集体经济项目中,2013—2015年有34个村,2016—2017年有8个村,采取委托经营方式,将财政拨付壮大村集体资金委托企业或合作社经营,获得委托经营收入,固定收益为投资额的8%~12%。

三、存在的主要问题

(一)村经济组织领头人经营能力低。一些村集体带头人年龄结构偏大,在发展村集体经济方面缺胆子、缺点子、缺信息、缺能力。对获得的扶持资金,村委会不敢对外投资、不知找谁投资、没有好的项目不敢自我经营,致使个别村扶持资金一直处于资金沉睡状态,资金利用率低。

(二)项目资金监管措施不到位。由于没有专业服务团队跟踪服务,大部分村在投资上没有前期投资论证或可行性分析,投资中缺乏全程监管,投资后期缺乏绩效评价,发展壮大村集体经济资金缺乏强有力的产业支撑或产业项目带动,摸着石头过河,资金使用普遍存在盲目性,一哄而上,发展经营好的项目少。

(三)委托经营风险大、收益率低。部分村集体委托经营项目由于合作企业后期经营管理不善,已无法正常运行,导致托管费无法兑现,红崖子乡红翔村以项目资金50万元建设日光节能温棚,建成后出租收益每年0.8万元,达不到项目资金收益标准。大武口区临湖村30万元仓储项目,2017年与一家纸箱厂签订出租协议,租金5万元,由于环评没有通过,协议解除后一直没有收入。还有平罗县灵沙乡东灵村与宁夏龙山农业发展公司签订的基础母羊托管项目,由于企业经营不善,导致企业亏损严重,企业已不能正常运转,两年托管费均没有上缴村集体。

（四）发展壮大村集体经济激励机制缺乏。对带头人缺乏激励机制和责任免除机制,村集体经济发展盈利没有给予带头人适当的奖励或奖励额度小,而投资或经营亏损时带头人往往要自掏腰包填窟窿,投资经营的压力最终压在了村干部的头上。

四、对策建议

（一）加强村集体经济组织运行监督管理。建立壮大村集体项目资金实现监管平台公开,使项目阳光规范操作,广泛接受群众监督。建立、完善内部控制制度、生产经营管理制度、股权配置和资金收益分配等财务管理制度,确保单独核算,规范运行,形成发展壮大村集体经济项目资金监管体系。

（二）加强村集体经济组织建设。为进一步发展壮大村集体经济,配备政治素质好、带富能力强的带头人,建强队伍、提升能力。完善村党组织领导和充满活力的村民自治机制,做实村民代表会议和村监会制度,调动乡村各类主体有序参与村级事务。各地指导成立经济合作社或股份经济合作社,充分发挥好农村集体经济组织在管理集体资产、开发集体资源、发展集体经济、服务集体成员等方面的功能作用。探索建立绩效考评机制,实施经营管理绩效与经营者收入挂钩、"基本报酬+绩效考核+集体经济发展创收奖励"的村干部报酬补贴制度,对村集体经济发展好的给予村干部一定的资金奖励。

（三）加强村集体委托经营资金监管。高度重视项目运行和资金监管,随时掌握合作企业经营状况,及时发现问题,及时防范和化解风险。对不按合同时间缴纳托管费的项目,各项目村要及时催缴;对企业管理不善已无力缴纳托管费的,乡(镇)村要高度重视,通过法律途径,抓紧追缴本金和托管费,采取处置抵押物或合作企业固定资产等方式,尽快收回项目资金,确保项目资金使用安全高效。

（四）加强村集体发展政策支持力度。建立扶持村集体经济建设项目协同推进机制,优先支持现有试点村,整合产业发展、合作社、农产品加工、产业园区、村级一事一议等项目资金,将村集体土地承包租赁、宅基地超占有偿使用等资金入股村经济或股份合作社,让所有村集体成员受益。进一步加大财政支持力度,结合乡村振兴战略,要将村经济组织作为农村新型经营主体,设立专项资金,从基础设施、项目带动、产业融合、休闲观光、技术引进推广等方面给予扶持,夯实发展村集体经济基础。

（撰稿:王学文、高全伟）

平罗县坚持"两厘清、三明确、三规范" 扎实推进农村集体产权制度改革

2015年以来,平罗县强化顶层设计,大胆探索、统筹推进,在农村集体产权制度改革中,坚持"两厘清、三明确、三规范",创新农村集体经济组织管理体制,探索集体经济发展模式,为发展壮大村集体经济、拓宽农民增收渠道、实现乡村振兴夯实了基础。

一、基本情况

平罗县辖7镇6乡,144个行政村,全县总人口31.2万人,其中农村户籍人口22.6万人,农用地面积103万亩。2019年农村居民人均可支配收入15665元。2015年以来,平罗县委、县政府高度重视农村集体产权制度改革工作,坚持"农民集体所有、尊重农民意愿"的原则,着力破解集体资源占有使用和集体收益分配不均衡、集体产权权能不充分等"瓶颈",将增加集体收益分配收入和财产性收入作为改革的落脚点,将实现集体"三资"共同按份共有和共同富裕作为产权改革的第一目标,扎实推进农村集体产权制度改革。截至2018年年底,全县144个村全部完成了集体产权制度改革,成立集体股份经济合作社112个、集体经济合作社30个(其中有4个村分村联治成立2个集体股份经济合作社),发放股权证6.29万本,共量化资产总额5.58亿元,配置总股数30.18万股,其中集体股4.52万股,成员股25.65万股。在完成产权制度改革的基础上,积极争取资金和政策,大力发展壮大集体经济。2019年全县有11个村集体股份经济合作社实现了分红,分红金额249万元,最高每股分红240元。

二、创新经验及做法

(一)完善工作机制,确保改革有序进行。结合实际,研究制定了《平罗县农村集体产权制度改革实施方案》和《平罗县农村集体资产股权量化分配实施办法》等10多个配套文件,为改革提供强有力的政策支撑。县委、县政府定期召

开推进会,改革领导小组办公室每月召开一次联席会议,组织对乡村干部进行农村集体产权制度改革培训,研究制定相关政策,改革工作推进机制有效建立。

（二）坚持"两个厘清",打好股权量化基础。一是厘清集体"三资",摸清集体"家底"。严格工作程序,明晰集体资产权属,建立健全管理制度,扎实开展村集体资产清产核资工作。共清查核实村集体土地面积136.02万亩,资产总额3.86亿元,其中经营性资产总额1.52亿元,货币资金1.47亿元。建立了村集体"三资"登记台账、管理系统和8项管理制度。二是厘清集体成员,明晰股东人数。研究制定了《平罗县农村集体经济组织成员身份认定暂行办法》,综合考虑农民户口、土地承包经营权、不动产权等因素进行成员确认和家庭核实,对于特殊情况（如嫁出女、入赘婿等）,提交村民代表大会民主决议。全县集体经济组织成员身份认定统一以2017年12月31日为节点,共认定24.03万人。

（三）做到"三个明确",维护农民合法权益。一是明确股权设置,兼顾各方权益。明确集体股不高于15%、成员股不低于85%的比例设置股权,成员股由基本股、家庭股、贡献股和救助股构成。集体经济组织成员中18周岁以上的成员每人一股基本股;户内有两人及以上人口,户主与二轮承包地、房地一体不动产权证一致,每户一股家庭股;烈属每户0.5股贡献股,卸任的村两委班子主要成员、两参人员每人0.2股贡献股;户内有智障、残疾、因病致贫、丧失劳动能力成员,每户0.5股救助股。对搬迁的生态移民,将各级政府投资的经营性资产全部进行折股量化。对插花安置的移民,实现与当地农民同权同股。通过多元化的股权配置,让不同群体成员都能受益。二是明确股权管理办法,充分释放权能。明确二轮承包期内股权不随人口增减变动而调整,原则上坚持"生不增、死不减、可抵押、可流转、可转让、可馈赠、可继承（股权流转、转让可在全县范围内,接受馈赠、继承的必须是本

村集体经济组织成员）",单个股东所持份额不得超过总股份的2%。利用县、乡两级农村产权流转交易平台,赋予股权抵押、流转等交易权能,充分保障股东权益,增加股东集体收益分配和财产性收入。三是明确收益分配,确保让利于民。制定了《平罗县村集体收益分配使用管理暂行办法》,合理调整集体、个人之间的收益分配关系,净收益按照配股进行分红,集体分红比例不超过15%,其余用于成员分红,让股东获得更多集体收益分配收入。

(四)实施"三个规范",确保改革取得实效。一是规范工作流程,确保程序合法。严格按照清产核资、集体经济组织成员身份认定、拟量化资产确定、股权设置、股权量化、股东代表推荐、理(监)事会候选人推荐和选举八个程序规范操作,每个程序都让农民参与,并进行八次张榜公示,接受群众监督。二是规范组织设置,健全治理结构。积极探索村党组织负责人、村委会主任、村集体经济组织负责人"三位一体"的新型村级治理结构,全县98%的村集体经济组织法人由村党支部书记担任。在推进产权制度改革中,充分发挥村集体经济组织在土地流转、闲置农房收储、建设用地入市中的主体作用,保障股东权益。三是规范"三资"管理,强化村财监管。探索建立制度化、信息化、公开化农村集体"三资"监管模式,各村配备专业人员担任村级代理会计,实行农村"三资"电子记账,按时、按季度公开村集体收支,建立"村廉通"平台,逐笔逐项发送公开工程项目等支出,利用村(队)微信群实现村级财务信息化公开。

(五)探索多种模式,发展壮大村级集体经济。研究制定《关于深化农村集体产权制度改革　发展壮大村集体经济指导意见》和《平罗县发展壮大集体经济三年规划》,指导乡村按照农业服务型、项目带动型、股份合作型、资源开发型、产业带动型、资产租赁型、土地利用型、物业管理型八个类型发展壮大集体经济,确保集体"三资"保值增值,使全体股东共享改革红利。2016年以来,全县共争取实施财政扶持村级集体经济发展项目88个,资金1.12亿元。通过先行先试,积累了一定经验,初步建立"权属清晰、责权明确、管理科学、运行规范"的村级集体经济组织运行框架,目前项目村平均年收益达到12万元,最高年收益达到45万元。2019年年底,全县144个行政村中有经营性收入的村137个,占95.1%。其中5万元以上的75个。

三、取得的成效

通过深入开展农村集体产权制度改革,不断发展壮大集体经济,改变了农民群众的认识,得到了社会各界的好评。广大农民群众从起初的不理解不支持,到现在积极配合和点赞,并积极参与、支持改革和发展壮大集体经济,截至目前,全县改革过程中未出现较大的矛盾纠纷。同时,农业农村部督导组、自治区农业农村厅组织的第三方评估小组,在对平罗县农村集体产权制度改革进行督导评估过程中,也给予了较高的评价,认为平罗县的改革取得了较好的成效。

(一)激发了农村发展活力。通过改革,明晰了农村集体资产和资源,有效激活了农村"沉睡"的资源和资本。同时也赋予了农村集体经济组织管理和经营集体资产、发展集体经济的职能,使村集体经济组织在实施乡村振兴、发展当地农业优势特色产业等方面发挥了积极作用,为农业农村经济社会发展注入了一股"活水"。

(二)完善了农村治理结构。通过开展清产核资、资产量化、成员界定等工作,健全完善了农村治理结构,明确了农村集体经济组织市场主体地位,合理划分了村支两委的权限、职责,有效推动了党支部回归基层党建、村委会回归社会管理服务职能、集体经济组织回归集体资产经营管理职能,对提高农村集体资产使用效益,管好、盘活农村集体资产,促进农村发展,起到了良好的推动作用。

(三)维护了农民合法权益。紧紧抓住"清理登记、股权量化、收益分配、公开公示"等关键环节,把农村集体资产管理作为民主管理工作的切入点,全过程"阳光操作",充分保障了群众的知情权、参与权和监督权,体现了集体家底价值化、村民身份明朗化、农民利益股份化,使人民群众真正当家作主,成为集体资产的主人,保障了广大农民的合法权益。

(四)促进了农民稳步增收。通过农村集体产权制度改革,明晰了村集体和农民土地等资源资产权属,加快了土地流转,盘活了农村资源,带动了农村优势特色产业的发展,也增加了农村富余劳动力就业机会。同时集体经济的发展壮大,也增加了农民集体股权分红收入,拓宽了农民增收渠道,为农民稳步增收奠定了基础。

通过实践探索,平罗县初步建立了政经分离的村集体治理和发展机制,农村集体经济组织对发展壮大集体经济的认识和积极性不断提高。同时,我们也认识到当前全县农村集体产权制度改革还存在乡村干部认识不到位、发展思路不宽、经营管理人才匮乏、村集体经济组织内部管理水平不高等问题。下一步,我们将以农村集体产权制度改革为起点,强化人才培训培养,强化配套制度建设,强化监管指导,积极探索创新,努力开创全县农村改革和发展的新局面。

(撰稿:王　云、白淑萍)

"五种模式"助推石嘴山市村集体经济蓬勃发展

石嘴山市自2018年被确定为全国农村集体产权制度改革试点市以来,按照"建强基层组织、健全制度措施、盘活资产资源、加大扶持力度、注重示范引领"五项要求发展壮大村级集体经济,探索出了"旅游开发型、投资合作型、物业开发出租型、自主经营型、社会化服务型"五种发展模式,走出了一条引领乡村振兴,加快脱贫攻坚,助力全面小康的新路子。2019年,全市已有62个村集体经营收入超过10万元,实现了全市农村集体经济发展的新突破。

一、旅游开发型

集体经济组织通过开发本村拥有的荒地、荒山、河滩、湿地、草原、沙漠等资源,发展乡村观光旅游项目,增加了集体经济收入。如大武口区龙泉村依托贺兰山、明长城、古汉墓、山泉、古树等自然、生态、人文资源和"龙泉山庄"品牌带动,实施农旅融合发展,带动农户参与农家餐饮、民宿改造、特色农业生产,成功入选中国美丽休闲乡村。2019年接待游客超过50万人次,村集体年收入超过30万元,农民人均纯收入达到19000元;惠农区简泉村立足山水,以元宝山、英雄崖、石岩画为主调,以清凉富硒的山泉水浇灌绿色产业和建造解暑瑶池为主线,构建西北边陲的绿水青山风光,每年吸引游客4万人次,为村集体和当地农民增收20多万元;银河村依托黄河万亩湿地资源,挖掘"风吹草低见牛羊"和黄河流域人文景色,年观光人数达到1万人次,村集体与农民收入增加10万元以上。

银河村乡村旅游

二、投资合作型

村集体经济组织整合积累资金，投入到本地新型农业经营主体，助推特色优势产业壮大，共享发展红利。如平罗县庙庙湖村与宁夏华泰农农业科技发展有限公司合作，采取"龙头企业+合作社+贫困户"模式，发展沙漠瓜菜种植业，2019年实现村集体经济收入180万元，年就近季节性务工800余人，劳务收入1000余万元。惠农区宝马村与兴业奶牛养殖合作社合作，投入资金380万元，年分红38万元。和平村与蔬菜肉牛养殖2个合作社合作，投入资金200万元，年分红16万元。马家湾村与方歌农庄合作，共同打造休闲采摘乡村旅游区，投入资金200万元，年收入20万元。大武口区星海村入股陇尚鲜种植合作社、有机肥生产厂，村集体经济实现股金收入14万元。

三、物业开发出租型

村集体经济组织利用城郊优势，兴建农贸市场、宾馆、商业店铺、仓储设施等物业项目，通过自主经营或对外出租等方式，走出了一条收益稳、风险小的经营路子。如平罗县城关镇合作村经营农贸市场、对外承包宾馆，村集体年稳定创收40万元。平罗县新利村通过出租商业店铺、仓储设施，增加村集体收入30万元。惠农区下庄子村采取自主经营、房屋出租倾力打造了集商贸、物流、餐饮、休闲等多种经营业态为一体的失地农民创业商业圈。

四、自主经营性

村集体经济组织利用经营性资产、资金，通过创办合作社或入股、参股等农业企业等形式，以企带村、以村促企，实现互利共赢。如惠农区通丰村通过吸纳农民土地入股的方式，集中了农村土地，解决了农村土地无人耕种和耕种效益低的现实问题，由村集体统一经营，布局优势特色作物集中管理，提高了劳动生产率和土地产出率，集体经营效益得到进一步发挥，为探索新时代实现统分结合双层经营体制新路径提供了方向性的思考。该村2019年集体收益预计达到30万元。大武口区潮湖村发挥村集体经济较强的优势，股份合作社集中支持、发展市场前景好、效益高的村办企业，2019年村集体经济收入达到300万元，村民人均收入达到15000元。平罗县崇岗村利用本村周边煤炭企业多的优势，成立供水专业合作社，为企业供水，每年增加村集体收入150万元以上。平罗县小店子村成立农业专业合作社，吸收农户以土地入股集约经营，发展富硒稻米产业。渠口乡六羊村建设91座大棚种植蔬菜，带领群众发展设施瓜菜产业。

五、社会化服务型

村集体经济组织围绕当地农业生成，成立农机服务、农资及农产品购销、病虫害统防统治等服务公司或合作社，为农业生产产前、产中和产后提供社会化服务，增加集体经济收益。如平罗县头闸镇邵家桥村成立农机服务专业合作社，为周边农户和新型农业经营主体提供机深松、秸秆打包等服务，2019年获得纯收益20余万元。

（撰稿：王晓斌、孟玲玲、吕筱恺）

积极探索创新　强化监督指导
全力推进村级集体经济不断发展壮大

近年来,平罗县结合农村集体产权制度改革和扶持村级集体经济项目实施,积极探索创新,强化监督指导,有效地促进了村级集体经济发展壮大。

一、总体情况

平罗县辖13个乡镇144个行政村,耕地面积101万亩,其中村集体所有耕地91.5万亩,未承包到户的土地资源9.15万亩。农业人口近20万人。截至2019年底,全县144个行政村中有经营性净收益的村94个,占65.28%,无经营性净收益的村50个,占34.72%。其中,年经营性净收益0~5万元、5万~20万元、20万~50万元、50万元以上的村分别有38个、33个、12个、11个,分别占行政村总数的26.39%、22.92%、8.33%、7.64%。总体来看,全县多数村集体经济比较薄弱,大部分村普遍缺乏发展壮大村级集体经济内生动力,村级集体收入来源渠道单一。2016年—2018年,平罗县被确定为自治区财政扶持村级集体经济发展项目试点县,3年共批复实施试点项目24个,涉及23个项目村,每个项目财政扶持资金200万元。县委、县政府高度重视发展壮大村级集体经济,县党政负责人多次调研、指导项目实施情况。通过先行先试,积累了一定经验,初步建立"权属清晰、责权明确、管理科学、运行规范"的村级集体经济组织运行框架,目前项目运行情况良好。2019年申报争取了31个项目村,2020年申报争取了33个项目村。2019年全县经营性净收益5万元以上的村达到44个,经营性净收益达776.99万元。

二、主要做法

（一）强化领导,定期督查推进。县委、县政府高度重视发展壮大村级集体经济工作,成立由县政府常务副县长为组长,财政局、农业农村局、自然资源局、各乡镇为成员单位的工作领导小组,制定了《平罗县发展壮大村级集体经济三年规划(2019—2021年)》《平罗县关于推进农村集体产权制度改革发展壮大集体经济的意见》和《平罗县发展壮大村级集体经济资金管理办法》,明确职责分工,协调推进落实。县委、县政府主要领导多次召开专题会议,研究和调研发展壮大村集体经济工作,专题研究制订方案、股权配置、收益分配等事项,县委督查室每月专题督查通报工作情况,有力地推动了工作。

(二)改革探索,创新经营模式。加快推进农村集体产权制度改革,指导各乡镇和村集体在完成清产核资和集体经济组织成员身份认定的基础上,开展资产量化和股权配置,成立集体股份经济合作社114个、集体经济合作社28个,量化经营性资产总额5.55亿元,总股数29.32万股,发放股权证6.29万本。始终坚持以壮大村级集体经济、实现农民共同富裕为目标,指导各村结合优势特色产业,因地制宜探索村企股份合作、荒地资源开发利用、土地入股发展规模经营、物业开发和服务、农机农资、加工流通社会化服务等多种发展模式。

(三)精心组织,创造有利条件。为确保扶持村级集体经济发展壮大,全县2019年筹措安排资金100万元,专项用于发展壮大集体经济摸底调研、专家咨询、制订方案、业务培训。为提升村级班子和广大农民发展集体经济、管理村级事务的能力,拓宽各级领导干部发展壮大村集体经济思路,县委、县政府先后组织4期发展壮大村集体经济培训班,到山东潍坊市、江苏苏州市和浙江省对全县各乡镇党委书记、相关部门负责人以及被确定为项目村的支部书记或村主任进行培训,极大地调动了乡镇村干部发展壮大村集体经济的热情和积极性。同时,按照"渠道不变、管理不乱"原则,统筹整合"一事一议"、农业产业化等涉农发展专项资金,支持项目村工作。对年经营性净收益在5万元以上的村,提取净收益的8%给享受任职补贴的村"两委"班子成员补助,2019年兑现补助资金62.16万元。

(四)公开议事,做实监督机制。按照"公开、公正"原则,明确财政、农业、乡镇、村集体等工作职责,严把运行模式、资产评估、股权配置、收益分配、集体成员身份认定、资金监管等关键环节。要求发展壮大村集体经济涉及的股份量化、股权配置、经营模式、经营项目、资金支付等重大事项,要经过股东代表大会议决，并采取多种方式进行公示，接受群众监督。严明工作职责，乡镇政府、村集体经济组织共同签署项目实施承诺书，严禁随意变更项目实施内容、改变资金用途。

（五）严格管理，加强风险防控。制定印发了《平罗县财政扶持壮大村集体经济项目资金管理办法》，加强对项目的监管，要求凡是涉及基础设施建设、设备采购等固定资产投资的，全部实行项目招投标制、项目合同制和项目监理制，切实规范财政资金的使用，严格资金拨付。按照《项目资金管理办法》，将项目资金下达到各乡镇，由各乡镇按照先验收后拨付的原则，严格按照进度拨付资金，每一个阶段工作完成后，抽调人员成立验收组，对上阶段项目进展情况进行阶段性验收，验收合格的拨付资金。验收不合格的，限期整改，整改后经重新验收合格后再拨付资金。严格财务管理。2000元以上资金支出必须经股东代表大会表决通过，财务支出实行会审会签制度。县财政、农业农村部门定期督查项目村财务运行情况，严格规范会计科目、账务处理和报批手续。按照"公开、公正"原则，明确财政、农业、乡镇、项目村等工作职责，严把项目运行模式、资产评估、股权配置、收益分配、集体成员身份认定、资金监管等关键环节。项目村均成立工作领导小组，先后召开村民大会、股东代表会议，民主议定经营模式、经营项目等，采取多种方式进行公示，接受群众监督。严明工作职责，乡镇政府、村委会、村集体经济组织共同签署项目实施承诺书，严禁随意变更项目实施内容、改变资金用途，如需变更，必须召开村民代表会议表决，并报县委、县政府研究批准后方可组织实施。

三、取得的成效

（一）增加了村集体经济收入。项目村2019年已有16个项目实现了收益，最高收益25万元。2019年全县有11个村集体股份经济合作社实现了分红，分红金额249万元，最高每股分红240元。

（二）建立了村集体治理机制。探索政经分离，明确了农村集体经济组织市场主体地位，使村党支部回归基层党建职能、村委会回归社会管理服务职能、村集体经济组织回归集体资产经营管理职能，激活了村集体经济组织自我发展的内生动力。

（三）促进了特色产业发展。村集体在生产经营中，能示范应用优良品种、先进技术和农机农艺措施。特别是通伏乡新丰村、姚伏镇小店子村、高仁乡六顷地村、城关镇小兴墩村，通过基地建设，有力地带动了当地优质稻米和设施瓜

姚伏镇小店子村水稻种植基地

菜产业的发展。

（四）盘活了资源和资产。通过资金注入,资源变资产,使村集体闲置小学、荒地等建设用地和固定资产得到有效利用。如黄渠桥镇五星村闲置的小学、威镇村1300亩湖泊、小店子村7.9亩集体荒地通过改造利用,城关镇小兴墩村9.72亩集体经营性建设土地入市,产生了较好的效益。

（五）带动了农民增收。通过发展壮大村集体经济,由村集体领办经济实体,发展优势特色产业,即可吸纳农村劳动力务工,增加农民劳务收入,又可带动周边农户发展优势特色产业,增加经营性收入。同时农户还可获得村集体股权分红收益,增加财产性收入。

四、几点启示

（一）加强组织建设是保障。抓好农村改革和集体经济发展,乡（镇）党委书记、村党支部书记是第一责任人,必须要有一个团结务实、清正廉洁、勇于创新、无私奉献的村级基层组织。全县村集体经济组织负责人由村党支部书记兼任,并通过强化培训提升村党支部书记的工作能力,不断提高基层党组织的凝聚力、号召力和战斗力,凝心聚力推进农村集体产权制度改革和壮大村集体经济。

（二）因地制宜选好路子是关键。平罗县是一个农业大县,发展壮大村集体经济要因地制宜,坚持分类指导,因村施策,坚持走一二三产业融合、多元发展之路,对集体经济发展较好的村,要在巩固提升、提质增效上下功夫;对集体经济实力较弱的村,要在拓宽渠道、扩张总量上求突破;对没有村集体经济的空壳村,要在选好路子、盘活资产、扶持培育上想办法。

(三)强化制度建设是重点。要通过推进农村集体产权制度改革和壮大村集体经济,建立健全村级集体经济组织民主决策、监督管理、财务管理以及收益分配等制度和机制,发挥理事会、监事会和股东代表大会的作用,不断增强村集体经济组织管理村集体资产资源、发展村集体经济的能力和水平。

(四)带动农民增收是目的。解决"有钱办事"、带动农民增收的问题,是发展壮大村级集体经济的最终目的。要引导村"两委"班子合理安排和使用村集体经济收益,真正把收益用于为村民办实事、解难事,让广大村民真正享受股权分红收益,从而提高村级组织的公信力,密切党群干群关系。

五、存在的问题及意见建议

当前,全县发展壮大村集体经济取得了初步成效,但还存在一些问题:一是对发展村集体经济的认识不足,未真正认识到村集体经济发展对促进农村发展的重要作用,主动谋划发展的意识不强,观念还没有转变,开拓创新精神不足。二是村集体经济组织制度建设有待完善,内部管理水平有待提高。部分村集体经济组织内部管理的组织化程度不高,分工不够明确,缺乏制度约束,理事会、监事会、股东代表大会作用发挥不充分,利益分配机制不够明确。三是农户参与村集体经济发展利益共享机制尚未建立,农户对村集体经济组织经营能力尚不信任。四是缺乏人才支撑。农村两委班子及集体经济组织负责人普遍存在年龄较大、文化程度较低的现象,发展壮大集体经济思路不宽、能力不足,缺乏有文化、懂经营、会管理的年轻人才。针对以上问题,提出以下意见建议:

(一)加强人员培养。分别层次对部门、乡镇、村开展不同形式的人员培训交流学习,进一步提升县、乡、村干部能力素质、拓宽各级领导干部发展壮大村级集体经济思路,培养村集体班子和广大农民发展集体经济、管理村级事务的能力。

(二)加强配套制度建设。尽快制定出台村集体经济组织管理办法和财务管理运行办法,指导建立完善相关制度,特别是村集体经济组织理事会和监事会成员酬劳制度,充分发挥各自职能。

(三)加强项目资金监管。高度重视项目运行和资金监管,随时掌握合作企业经营状况,及时发现问题,防范和化解风险。特别加强对项目资金监管,规范财务收支和管理,强化监督检查,充分发挥监事会职能,全面监督合作社业务及资金运行,杜绝资产使用非项目化,确保资金使用安全高效。

(四)加大资金整合力度。建立扶持村集体经济建设项目协同推进机制,优先支持现有试点村,整合产业发展、合作社、农产品加工、产业园区、村级一事一议等项目资金,让所有村集体成员受益。加大支持力度,从基础设施、加工能力建设、技术引进推广等方面给予扶持,夯实发展村集体经济基础。

(撰稿:王　云、李　丽)

石嘴山市积极打造乡村振兴样板村
着力培育乡村发展"领头雁"

　　龙泉村隶属大武口区长胜街道办事处,位于大武口区南,背靠贺兰山,因村内有9个天然泉眼而得名,村域面积8平方千米,耕地面积1800亩,辖4个村民小组,现有人口355户1164人。龙泉村从汉代至今已有2000多年历史,在煤炭工业兴盛的年代,由于人口大量外流,龙泉村一度萧条颓唐。近年来,石嘴山市对标乡村振兴"产业兴旺、生态宜居、乡风文明、治理有效、生活富裕"的总体要求,抢抓机遇将龙泉村打造集乡村旅游、民俗体验、休闲度假为一体的乡村振兴样板,"看得见山,望得见水,记得住乡愁"的美好愿景正在这里逐步实现。

　　一、主要做法

　　(一)夯实基础设施,乡村旧貌换新颜。以大力发展乡村旅游为契机,引进杭州火石品牌策划公司,以"小组团、多风格、低成本、乡土化"为理念,结合"山、庄、田、泉"错落有致的地理形态,将村容村貌景观按照4A级旅游景区标准进行升级打造,规划建设了核心接待区、泉水养生区、泉耕生态区、泉上农庄休闲区、民俗文化区、田园农乐区、泉润枣树区七大功能分区,充分满足不同游客的体验和需求。加大基础设施投入力度,累计投资1.1亿元完成生态环境修复、科普文化长廊、集污管网入户改造、道路硬化、民宿改造等基础设施项目。按照"一村一品、一户一特"的思路,充分考虑每家每户的生产生活特点,对全村310户居民房屋外墙、院墙及院门进行了修缮、美化,形成了独具特色、个性鲜明的村庄风貌,村里的老房子换上了新装扮,村庄面貌焕然一新。

　　(二)提升环境整治,美丽乡村绘新图。通过企业驱动、群众联动,在乡村环境综合整治上打出一套组合拳,采用"公司+农户+村监会监督"的管理模式,引进兰岳龙泉旅游有限公司负责村庄公共区域环境卫生整治,定期对村庄巷道、水域、农田等区域进行清理整治,村委会与村民签订"门前三包"协议,村民负责自家门前及房屋周边卫生,村监会负责定期检查考核评比,将村民环境卫生评比结果纳入到"红黑榜"管理,逐步建立了"户清扫、企业整治、村监督"的环境卫生管护长效机制,确保村庄整洁,无卫生死角。将环境整治工作融入志愿服务、主题党日以及创城活动,集中对村内池塘水沟、村路沿线卫生、重点绿化区域等进行清理。先后发动村民积极参与开展绿化工程,在贺兰山上栽植山桃、山杏等树木,绿化覆盖率达60%,描绘一幅"山水相映、林木繁盛、瓜果飘香"的美丽乡村新画卷。

（三）深化农村改革,产业发展铺新路。紧紧围绕农村宅基地所有权、资格权、使用权"三权分置"改革,建立健全归属清晰、权能完整、流转顺畅、保护严格的农村宅基地产权制度。通过政府引导、农民自愿、社会参与的方式,积极盘活闲置宅基地和闲置住宅资源,有效破解了龙泉村"建设用地制约、资金投入不足、产业人才缺乏"的困境。龙泉村经济合作社统一收储整治农民闲置宅基地和闲置住宅,采取出租经营或合作经营的模式,吸引工商企业发展休闲农业、观光体验旅游、康养产业等新产业新业态,建成了龙泉客栈、田园香居等高端民宿,引进了厚德酒坊等农产品加工企业、宁夏济仁堂等康养企业投资置业。吸引了50余户村民返乡创业,大量的青年回流到农村,用先进的经营理念带动村民创新创业,开发出黄泥叫花鸡、龙泉锅巴等12道乡村地道美食,打造出郭江老磨坊、乡间别署等51家本土农家乐。通过盘活农村闲置土地资源,打通城乡间资本、人才等要素的流通渠道,拓宽了龙泉村产业发展空间,逐步形成了"吃农家饭、住农家院、品农家情"的产业发展链条。

（四）挖掘文化内涵,乡风文明谱新曲。把乡村旅游作为经济发展的主引擎,提升乡村旅游的文化内涵。积极挖掘龙泉村抗美援朝老战士的英雄事迹和龙泉村"红旗渠"的故事,建设党史学习教育长廊,打造党史学习教育"红色线路",让村民和游客在参观游览中感悟初心使命、坚定理想信念。充分利用村内

保留的明代长城、烽火台、贺兰山岩画、汉代遗址等珍贵历史古迹，建设龙泉村三馆一中心，展示汉砖瓦、1200件陶俑等展品，彰显了龙泉村悠久绵长的人文历史，成为村民和游客追忆过去、耕读传家的精神家园。不断拓展文化旅游项目，组织开展中国农民丰收节、跟着抖音逛龙泉等活动，获得了良好的社会口碑。通过开展"致富能手""最美庭院""最美儿媳""最美母亲"等评比活动，引导村民争当乡风文明建设的传播者、爱护环境的先行者、新农村建设的推动者、经济发展的实践者，在全村上下形成尊老敬老、团结乡邻、勤劳致富、爱护环境的良好氛围。

龙泉村三馆一中心

（五）坚持民主管理，乡村治理见新效。龙泉村始终秉承"一个人干不过一群人、一群人干不过一村人"的干事创业理念，严格执行"村民提、代表议、会议定、干部做、大家评"的村务运行机制，将村庄发展规划、重大项目建设等村级重要事务列入民主管理清单，推行村级项目"共议、共创、共享、共管"，实现村务议事透明化。为了更好地建设美丽乡村，龙泉村实施了"多规合一"实用性村庄规划编制试点，在规划编制过程中，突出村民主体地位，坚持大家的事大家商量着办，采取召开村民代表大会、问卷调查、入户走访、座谈交流等方式深入了解村民真实需求，村民纷纷建言献策，为建设一个宜居宜业宜游的美丽乡村共同绘制蓝图。也正是因为村级事务上的民主决策，龙泉村"多规合一"实用性村庄规划编制试点顺利完成，进一步优化乡村生产生活生态空间。村庄规划编制成果得到群众充分认可，成为村民看得懂、能真正指导落地实施的规划，村民私搭乱建的现象逐渐减少。随着民主管理的日益深入，龙泉村治理成效凸显，村内矛盾纠纷数量逐年下降，村民的幸福指数逐渐提高。

二、取得成效

龙泉村逐步成为全市美丽乡村发展的"领头雁"，先后被评为全国文明村、全国生态文化村、中国美丽休闲乡村、全国乡村旅游重点村、全国乡村治理示范村，龙泉村实现了"六个转变"，如今的龙泉村已经成为名副其实的"贺兰山下第一村"。

（一）农村资源活了。完成农村集体产权制度改革，成立龙泉村经济合作社，发挥农村集体经济组织统一经营的作用，引进厚德酒坊、马来风情等20余家经营实体投资兴业，农村闲置的宅基地和住宅资源得到有效盘活利用，龙泉村农宅空置率由原来的50%下降到5%，昔日破旧闲置的农房变成农民增收致富的"聚宝盆"。

（二）产出效益高了。依托土壤富硒、泉水富锶优势，进一步调整种植结构，大力发展草莓、香菇、大樱桃等设施农业，种植效益由2000元增至12000元，增长5倍。同时，引进企业集中流转1800亩土地开发建设休闲观光旅游田园综合体，推动一二三产业融合发展，提高了土地利用效率，实现农户亩均直接增收550元。

（三）生态环境好了。龙泉村以"两山"理论实践创新基地为起点，通过"后山贺兰山自然保护区缓冲区生态修复、村庄内部现有生态资源保护、村庄外围土地资源合理开发"的科学布局，累计栽植山桃、山杏、侧柏等树种7万余棵，拥有百年以上的核桃、桑葚等古树111棵，村内绿化覆盖率达60%以上，先后获全国森林乡村、全国生态文化村等荣誉称号，"家家有果园，户户有古树"的生态布局已初步形成。

（四）乡村旅游火了。通过政府引导、市场运作、企业参与、全面动员、内外联动的多渠道宣传，进一步扩大龙泉村的知名度和旅游影响力，推动发展"吃住学游购娱"全要素多领域的旅游新业态，2020年接待游客总量106.4万人次，今年上半年接待游客59.7万人次，实现营业收入1321.8万元，龙泉村成为石嘴山市乡村旅游的亮丽名片。

游人如织的龙泉村

参加节庆活动的市民合影留念

（五）致富路子宽了。随着乡村旅游的发展,累计带动500余人在家门口就业创业,农民增收致富渠道由单一的农业生产收入转变为资产性收入、务工收入、经营性收入、分红收入相互补充的多元方式,人均收入由2017年的1.4万元增至2020年的2.1万元,增幅达50%,村集体经济由2017年的不足20万元增加至2020年的120万元。

（六）示范引领强了。石嘴山市聚焦擦亮"乡村容颜"、留住"最美风景"、提升"文化内涵",龙泉村已被打造成为石嘴山市乡村振兴的样板,成为乡村振兴教育培训基地。近年来,龙泉村共接待各类区内外培训27场次、培训人数18562人。在龙泉村这只"领头雁"的带领下,银河村、马家湾村、西永惠村正在乡村休闲农业领域展翅高飞,形成了"雁阵效应"。

（撰稿:董明华、高全伟）

传承乡土文化　助力乡村旅游

乡土文化是乡村旅游提质换挡的核心要素,乡村旅游是乡土文化传承、保护和传播的有效载体,推动乡土文化建设与乡村旅游发展相融合,可以有效提升乡村产业水平、推动产业融合发展。近年来,石嘴山市深入挖掘特色乡村文化,加快推动乡土文化建设与乡村旅游发展深度融合,全市乡村旅游蓬勃发展。

一、主要做法及成效

(一)完善文化设施,扮靓乡村风貌,提升乡村旅游质量。乡村风貌直接反应不同乡村文化内涵和个性特征,与乡民生活息息相关,全市通过复建兴建文化设施、修缮完善乡土建筑,扮亮乡村风貌,提升全市乡村旅游整体水平。一是通过新建、改建、资源整合,建成乡镇综合文化站20个、乡村综合性文化服务中心195个、农家书屋195个、农民文化大院31个,基本实现文化宣传、科学普及、农技推广等一体化综合服务功能,补齐乡村文化服务短板,为乡村旅游注入文化活力。二是打造大武口区龙泉村家风家训馆、平罗县黄渠桥镇红色文化展示馆、平罗县头闸镇翰林清风文化展示馆等40个集村情村史、崇德尚行、乡风文明、美好家园和农耕文化体验为一体的农村文化阵地,挖掘和弘扬乡村优秀传统文化,奠定文旅融合基础。三是重点实施村庄绿化、美化等基础设施建设补短板和村容风貌提升项目,惠农区红果子镇马家湾村、庙台乡通丰村等对周边庄点全面开展围墙粉刷修缮,展示农耕文化、孝德文化,通伏乡通城村、马场村把水稻种植、稻艺编制等乡村特色产业与休闲旅游、乡土文化同步推进,村容风貌得到明显改善,龙泉村、银河村、马家湾村、黄渠桥村先后被评为全国乡村旅游重点村,提升了乡村旅游质量。

(二)深挖文化资源,开发特色模式,丰富乡村旅游业态。依托地域自然特色、区位优势、文化底蕴、生态环境等要素,积极利用农业和生活资源,发展了一批民俗文化与乡村旅游深度融合的新业态、新模式。"龙泉村+贺兰山文化":龙泉村是一个集历史遗迹、乡村民俗、塞北文化与田园风光为一体的古村落,近年来紧依贺兰山形成"山、庄、田"错落有致的地理形态,以"小组团、多风格、低成本、乡村化"为思路,打造集自然景观、田园风光、乡村民俗和历史文化于一体的"贺兰山下第一村",先后被评为全国文明村、全国生态文化村、中国美丽休闲乡村。"硒有田园+工矿文化":大武口区硒有田园利用一矿农场旧址打造工矿文化旅游新业态,征集原老矿区家属珍藏的有鲜明时代特征的老照片、老物件、老家具等工矿文化相关元素进行陈列展示,增加矿工邮筒、矿工俱乐部、工矿文创小铺等一系列工矿文创产品,还原老工矿时期面貌,展现20世纪50年代到现在的工业变迁,诠释工矿文化历史内涵,让游客更加全面、客观、清晰地了解工矿历史。"黄渠桥镇+红色文化":黄渠桥镇依托当地底蕴深厚的群众文化、饮食文化和书香古镇教育发展史、民俗史、仁人志士创业史等,打造黄渠桥镇革命传统教育基地,成为宁夏首家由乡镇自主创办的革命传统教育基地、爱国主义教育基地,分别被区、市挂牌为"宁夏党史宣传教育基地""自治区国防教育基地""石嘴山市党史党建教育基地",先后吸引30000余名党员干部群众到基地参观,重温入党誓词,接受革命传统教育,使当地红色文化得到宣传、延续、资政育人。"银河村+黄河文化":银河村将辖区内毗邻黄河的万亩湿地公园生态优势转变为经济发展优势,坚持湿地开发以生态保护为主,划定湿地保育区、合理利用区与恢复重建区,修复10千米防火步道,建设烧烤凉亭,维护湿地公园基础设施,发展乡村旅游,为全市建设黄河流域生态保护和高质量发展先行区增添浓墨重彩的一笔。

(三)开展宣传推介,展现文化魅力,扩大乡村旅游影响力。全市各乡村旅游主体根据季节特点和小长假时点分布,结合"中国农民丰收节",每年有步骤、

硒有田园

黄渠桥镇红色教育基地

有重点、分时段向社会推出拉巴湖沙漠文化旅游节、银河村燎疳节、银河村七夕文化美食节、黄渠桥镇特色美食文化节、头闸翰林清风文化节、姚伏商贸旅游文化节

等文化旅游节庆活动30余场次，深入开展农耕文化、礼仪文化、民俗文化、美食文化和非物质文化遗产宣传教育，做到季季有主题、月月有活动，"好戏"连台登场，直接拉动乡村旅游70余万人次，通过组织开展展藤、采摘、收割等农事活动，让游客充分融入乡村生活；通过设计组织游客参与赶集、展会，让游客认识乡村贸易的民俗形态；通过设计开展乡村戏曲学唱、乡村艺人表演等文艺活动，让游客体验乡村自然纯朴的休闲文化。同时

积极开发乡村旅游文化产品，培育引进稻艺编织公司、潮湖瑞宝工艺葫芦合作社等经营主体，生产草编工艺品、工艺葫芦烙画等文化旅游产品，带动乡村产业发展。2020年全市乡村旅游实现经营收入1.3亿元、接待游客106.95万人次，有力促进了乡村经济发展。

二、存在的问题

（一）产业规划不到位。一些村镇在对区域内优秀的乡土文化和乡村旅游资源发掘不足，缺乏科学合理规划，不能对资源进行有效优化整合，难以充分挖掘文旅资源的潜力，一定程度上限制了村镇乡土文化建设与乡村旅游的融合发展。

（二）文旅产品供给不足。乡村旅游文旅产品开发比较缓慢，现有产品缺乏参与市场化运营的主动性，本地文化旅游融合仅仅局限于"文旅+会展"，缺乏"文旅+影视演艺"等新形式的开发，乡村旅游资源缺乏精品文化包装。

（三）产业发展人才短缺。乡土文化建设与乡村旅游融合发展，离不开高素质人才的支撑。目前全市还存在优秀文化旅游人才不足、现有工作人员数量少、引进优秀人才措施缺乏等突出问题。

三、对策建议

（一）科学合理规划，整合乡土文化资源与乡村旅游资源。立足于不同县区和村镇乡土文化资源和旅游资源具体实践，结合市场需求，以更好满足消费者

需求为目标,充分挖掘当地资源优势,按照乡村自然风光资源、乡村农业景观资源、乡村农业设施设备资源、乡村民俗文化资源等四种主要类型,对乡土文化资源与乡村旅游资源科学合理规划,整合优化,促进其发挥最大效能,提升市场竞争力。

(二)突出文化特色,深度挖掘乡村旅游文化底蕴。按照"在发掘中保护、在利用中传承"的思路,实施农耕文化保护传承工程,对重要农业文化遗产进行全面保护,提高社会各界对保护农业文化遗产工作重要性的认识,突出文化特色底蕴,以文铸魂、以景绘魂、以情述魂,使休闲农业和乡村旅游的文化更加绚烂。继续发挥文化节庆作用,加强标志性乡村旅游节会的举办,突出区域特色,凝练休闲主题,丰富节会内容,提升文化创意,不断扩大规模,提升效果。

(三)打造文旅精品,增加文旅产品供给。注重传承地域文化,打造文旅精品,增加全市文旅产品的特色化与品牌化供给,重点在整合地域乡土文化资源与乡村旅游资源的基础上打造文旅精品,可将其分为休闲娱乐型、民俗文化体验型、健康养生型、审美体验型等四种主要类型进行打造,推动文旅产品走产业化发展道路,同时注重动漫、互联网等新技术在文旅产品开展推广中的应用,不断扩大其影响力。

(四)加强人才建设,培养高素质文化旅游融合人才。乡村旅游开发涉及文化、产品、市场和资本等多方面内容,各主体在规划乡村旅游时要重视复合型人才的引进和培养,联合乡村当地"能人""能手",内外结合,培育一支促进乡村旅游和乡土文化融合发展的"带头人"队伍,为全市乡土文化建设与乡村旅游融合发展提供智慧支撑。要全力打造高素质导游队伍,更好地开展乡村旅游宣传、旅游推介等工作。

(五)加大政策引导,助力文化旅游融合发展。县区、乡镇要做好资产划转、管理体制整合等工作,打破行政"壁垒",制定乡土文化建设与乡村旅游融合发展配套政策,增进乡土文化建设与乡村旅游产业间的互动协作。加大龙头企业培育力度,引导企业增加文化旅游融合等方面投资,提升文化旅游产业融合力度,支持企业整合当地乡土文化资源和乡村旅游资源,挖掘文化资源内涵,拓宽产业发展思路,创新文旅产品融合形式,塑造品牌效应。采用"企业+合作社+农户"的模式,积极引导农民参与乡土文化建设与乡村旅游融合发展,为乡土文化建设与乡村旅游融合发展贡献力量。

(撰稿:田　帅、丁静红、李　莉)

石嘴山农村经济发展调研报告（2021）

经营主体与产业发展篇

石嘴山市"2244"模式助推新型
农业经营主体高质量发展

培育壮大新型农业经营主体和服务主体,是加快转变农业发展方式、探索特色农业现代化道路的必然要求,是带动农民就业增收、推动农业农村高质量发展的重要举措。近年来,石嘴山市主动适应经济发展新常态,强化平台搭建、落实政策保障、加强指导服务,全市新型经营主体和服务主体发展水平明显提升。

一、发展现状

截至目前,全市各类农业经营主体发展到3359个,其中农产品加工企业189家、农民专业合作社521家、家庭农场424家、专业大户2225家,各类社会化服务组织发展到63家,初步形成了以龙头企业为引领、合作经济组织为纽带、家庭农场和专业大户为支撑的新型农业经营体系,主要呈现出以下四个方面的特点:

(一)龙头企业引领作用明显。按照主导产业抓龙头、龙头企业抓升级的工作思路,大力培育农业龙头企业,不断扩大企业集群规模,全市市级以上农业产业化龙头企业发展到92家(其中自治区级46家,市级46家),2019年实现销售收入33.95亿元,净利润1.99亿元,带动农户6.8万户、增收1.75亿元。中粮米业、昊帅米业、沙湖食品、华泰农、绿宝、泰金种业等已成为同行业的领军企业。

(二)农产品加工业迅速发展。立足全市资源禀赋和区位优势,推动农产品加工企业逐步向优势特色产业区聚集,形成了优质粮食产业区、河东优质奶源基地等产业聚集区,建成惠农绿色农产品加工园区,实现粮食、种子、蔬菜、牛羊

惠农区绿色食品加工科技创业园规划（鸟瞰示意图）

肉等一产、二产融合发展的良好态势，农产品加工企业发展到189家，2019年全市农产品加工业总产值37.05亿元，同比增长6.6%，实现销售收入34.54亿元，利润总额3.71亿元，从业人员9089人，提供劳动者报酬1.67亿元，企业自建种养殖基地9.47万亩，带动基地59万亩，联接农户10.1万户，转移农村劳动力2万多人。

（三）农民合作社、家庭农场不断壮大。始终坚持把支持、引导农民专业合作社和家庭农场发展作为促进农业农村经济发展的重要举措，鼓励农民合作社发展农产品加工、销售，拓展合作领域和服务内容，鼓励家庭农场开展农产品直销，全市各类农民合作社发展到521个、家庭农场发展到424个，合作社联合社4个，入社成员1.25万人，农户参加率60.8%，带动农户6.9万户，各类合作经济组织统一组织销售社员农产品总值达5.8亿元，统一组织购买农业生产投入品总值5264万元，农民组织化程度进一步提高。

（四）社会化服务组织逐步健全。围绕技术指导、农资超市、测土配方、统防统治、农机作业、信息服务"六大功能"进一步健全农业社会化服务体系，全市各类社会化服务组织发展到63家，农机服务组织社员人数达到3458人，机具数量4255台（套），年作业服务面积40万亩以上，全市农作物耕种收综合机械化水平达92%，综合服务设施覆盖率达80%，为农民提供产前、产中、产后全过程综合配套服务。

二、主要做法

（一）开展"两项行动"，提升新型经营主体发展水平

1.开展清理规范行动。指导县区开展新型经营主体普查工作，摸清新型经营主体实际生产运营情况，对虽在经营但是内部管理不规范的合作社和家庭农场，指导其优化内部运行机制，树立现代经营理念，通过订单带动、共设风险保障金等形式，与普通农户建立更为密切的利益联结机制；对长期不经营，特别是组建以来未实际运作的"空壳社"，因经营管理不善已停止经营的"休眠社""僵尸企业"和"挂名农场"，由农业部门工作人员上门沟通协调，指导其及时办理注销手续，不主动注销或不愿注销的，对接市场监管部门依法依规予以吊销。累计清理合作社194家，其中无农民成员实际参与的99家、无实质性生产经营活动的合作社95家，指导规范办社（家庭农场）862家。

2.开展示范创建行动。支持引导合作社、家庭农场、社会化服务组织在发展适度规模经营、应用先进技术、实施标准化生产、纵向延伸农业产业链、带动小农户发展等方面发挥示范带动作用，启动农民专业合作社示范社、示范性家庭农场、社会化综合服务站评定工作，打造一批示范样板，截至目前，正常运营的市级以上农民合作社示范社80家，其中国家级17家、自治区级38家、市级25家；市级以上示范性家庭农场82家，其中自治区级41家、市级41家；自治区级社会化综合服务站20家。

（二）落实"四个强化"，提高新型经营主体发展层次

1.强化人才教育培训。连续两年将农民培训教育列入全市十件民生实事，连续三年实施了新型职业农民培育工程，培养、认定高级新型职业农民37人，培育致富带头人300人，培训新型职业农民3100人，培训农村劳动力1.2万人；与浙江省农业科学院合作开展"双百培训"工程，联合举办培训班4期，培训253人，着力提高农业经营主体综合素质，逐步在全市建成一批爱农业、懂技术、善经营的高素质的农业经营主体队伍。

2.强化科学技术支撑。支持新型经营主体加大农业新品种、新技术、新模式的引进、推广与应用，推广农业优新品种42个、绿色增效技术48项，实施自治区、市级科技专项15项，农作物、畜禽、水产优良品种覆盖率均达98%以上，市级以上农业科技型企业34家，蔬菜新品种选育及种子标准化生产技术研究与示范项目获得自治区科技进步二等奖。与中国农科院、浙江农科院、山东农业大学等科研院所在人才培养、杂交制种、肉羊品种（系）培育等方面开展深度合作，

151

柔性引进高层次人才33名(院士2名、博士5名、研究员26名),建立了宁夏第一家农业院士工作站和3个博士工作站,成立农业技术研发中心6家,为全市新型经营主体生产经营提供有力技术保障。

3.强化政策扶持保障。认真贯彻落实国家、区、市创新创业政策,制定印发《石嘴山市关于加快构建政策体系培育新型农业经营主体的实施方案》,鼓励和引导返乡下乡人员通过承包、租赁、入股、合作等多种形式,创办领办农民合作社、家庭农场、农业社会化服务组织等新型农业经营主体。加大资金支持力度,2019年安排农业产业化、农村一二三产业融合项目资金1050万元培育发展新型经营主体,正在组织经营主体申报2020年市级支农项目。积极开展"银农对接"工程,与石嘴山银行、邮政储蓄银行等6家金融机构签订了《金融支持"三农"服务合作协议》,推行"政银保"合作贷款模式,每年为各类新型农业经营主体贷款2.2亿元左右。新冠肺炎疫情以来,严格按照国家、区、市工作部署,为全市31家新型经营主体协调贷款6515万元,支持经营主体复工达产。

4.强化产业融合发展。支持新型经营主体发展观光旅游、餐饮民宿、养生养老等项目,打造休闲农业和乡村旅游精品,全市休闲农业及乡村旅游经营主体达到68家,年接待游客78.75万人次,实现经营收入2.02亿元,带动从业人员5421人。支持新型经营主体发展"互联网+现代农业",全市农业企业建成投入使用物联网达64家,农村电商达49家,京东中国特产·石嘴山馆上线运行,12家企业入驻平台,2019年全市农产品线上销售额达6700万元。支持新型经营主体加大品牌培育,成功举办石嘴山市首届富硒产业发展大会、第六届宁夏种业博览会,打造"珍硒石嘴山"区域公用品牌,建成富硒农产品生产基地24个5万亩,培育沙湖雪石磨面粉、红蜡滴枸杞等富硒农产品品牌8个,培育"平罗沙漠西瓜""惠农脱水菜"等地理标志商标6个,全市"两品一标"农产品达16个,农产品品牌达141个,优质粮食、瓜菜、牛羊肉、枸杞、葡萄酒等特色农产品品牌效应进一步提高,市场美誉度、影响力不断提升。

三、存在问题

(一)经营主体带动能力不强。农业产业化龙头企业规模小、实力弱,加工设备和技术落后,中高端产品少,辐射带动农户能力不强。家庭农场和专业大户规模小,结构单一、管理粗放、经营能力不强,参与发展能力差。

(二)经营主体发展面临各种要素制约。土地、资金、人才等资源要素供给失衡和不足成为制约全市新型经营主体和服务主体发展的重要因素。一是土地流转难度大,加之部分农户对流转心存疑虑,不愿流转,集中连片规模流转成功率不高。二是农村金融产品和贷款抵押方式少,农业主体融资渠道窄、融资难、融资贵问题依然突出。三是农业农村发展缺乏复合型专业人才,农民文化素质和技能水平不高。

(三)经营主体产业融合发展层次较低。经营主体农产品精深加工水平不高,产品附加值偏低。企业品牌、产品品牌小而散,知名度不高,缺乏竞争优势。农业多功能挖掘不够,休闲农业、旅游农业多以观光为主,生态文化价值拓展不充分,高品位、多样性、特色化不足。

四、对策建议

(一)着力优化现代农业产业体系,夯实新型经营主体和服务主体发展基础。一是做优一产。立足资源禀赋,坚持市场导向,推动瓜菜、制种、现代畜牧业三大优势产业加快发展,推行由龙头企业、农民专业合作社制定产业标准化生产技术规程,促进农产品按标生产、上市、流通。推动各类生产要素与农产品生产、加工、销售有机融合,调优、调高、调精农业产业结构,加快农业组织方式、生产方式、经营方式转变。二是做强二产。加快推进农产品储藏、保鲜、烘干等初加工设施建设,支持农业企业、专业合作社建设具有仓储、加工、包装、配送等功能的田头冷链中心。鼓励企业和合作社兼并重组、做大做强,支持新型农业经营主体发展农民合作社联合社,开展农产品加工流通、直供直销等综合性经营活动,形成完整产业链。三是做活三产。加快推进农业与旅游、教育、文化、康养等产业深度融合,实现农业从生产向生态生活、从物质向精神文化功能拓展。加快培育农业新业态,实施"互联网+现代农业"行动,推进现代信息技术应用于农业生产、经营、管理和服务。鼓励发展农业生产租赁业务,积极探索农产品个性化定制服务、会展农业、众筹农业等新型业态。

(二)创新融合机制,激发新型经营主体发展内生动力。加快培育农业社会化服务组织,鼓励农业生产服务组织和乡镇综合服务站围绕农业产前、产中、产后服务需求参与农业生产经营活动,积极发展代耕代种代收、良种供应、农机作业、统防统治、质量监测、烘干储藏等市场化和专业化服务,促进生产、加工、销售环节有机融合。大力发展订单农业,引导龙头企业与农户、家庭农场、农民专业合作社签订农产品购销合同,支持龙头企业通过承贷承还、信贷担保等方式,帮助订单农户建设标准化种养基地,支持龙头企业通过"公司+合作社+农户"和"公司+基地+农户"的方式,建立农民参与产业化经营、分享产业链增值收益的互利共赢模式。

（三）完善服务保障，构建新型经营主体和服务主体发展支撑体系。一是落实各项扶持政策。加大财政支持，将财政预算内投资、农业综合开发资金等向新型经营主体和服务主体发展项目倾斜，通过政府和社会资本合作、设立基金、贷款贴息等方式，带动社会资本投向农村领域。加大用地支持，年度建设用地指标中单列一定比例专门用于新型农业经营主体进行农产品加工、仓储物流、产地批发市场等辅助设施建设。二是强化人才科技支撑。支持大专院校农科毕业生和外出能人返乡从事农业。在特色产业集中区、现代农业示范区、规模化养殖场布点建设农民田间学校、农村实用人才实训基地，加快发展农村职业教育，提高农民生产经营素质。加快推进国家现代农业科技园区建设，积极开展院地、院企合作，建设专家工作站、科技成果转化基地，完善科技研发推广服务体系，加快农业科技创新能力建设。三是搭建产业发展服务平台。深化农村改革，激发农村发展活力，推动生产要素向新型经营主体集聚，努力为新型经营主体和服务发展提供平台支撑。加大金融支持，加快农村承包土地的经营权、农民住房财产权抵押贷款改革步伐，发展"三农"融资担保和再担保机构，解决新型经营主体和服务主体融资问题。

（撰稿：王晓斌、田　帅、丁静红）

推进农民工创新创业　注入乡村振兴新动能

　　大力推进农村创新创业是实施乡村振兴战略的重要内容和有效途径。近年来,石嘴山市以推进乡村振兴为抓手,以促进农民增收为目标,以聚力创业、聚智创新为手段,积极探索农民工返乡创新创业助推乡村振兴的有效实践,不断释放创新创业政策效能和市场活力,着力打造新业态、培育新主体、拓宽新渠道,为乡村振兴注入新动能。

一、基本情况

　　(一)优化返乡创新创业政策体系,把农民工"引回来",让他们"融进去"。推进农民工返乡创新创业,政策体系是支撑和保障,全市在认真贯彻落实国家、自治区创新创业政策的基础上,先后出台了《石嘴山市关于加快构建政策体系培育新型农业经营主体的实施方案》《石嘴山市扶持小微企业创业创新的若干政策措施》等文件,促进农村创新创业取得实效。全市共建设农村创新创业园区(基地)3个,吸引返乡创新创业农民工1612人,鼓励引导返乡创业农民工通过承包、租赁、入股、合作等形式创办领办新型经营主体434个,实现年经营性收入1.25亿元,直接带动就业5813人。

　　(二)改善返乡创新创业支撑平台,让农民工"创得好",使他们"留得下"。平台支撑是推进农民工返乡创新创业的重要基石,全市始终坚持政府搭台、农民工唱戏的原则,大力搭建和改善返乡创新创业平台。一是不断做大做强农产品加工企业、农民专业合作社、家庭农场"三大主体",引领组建联合体,完整产业链,建立多元化利益联结机制,通过订单收购、利润返还、股份分红等多种形式,带动返乡创新创业人员开展规模化经营、标准

化生产，促进农民增收致富。二是坚持向创新要动力、向科技要红利、向人才要活力，深入实施"四个一"行动，先后与中国农科院、浙江农科院等11所科研院所深度合作，成立了"石嘴山市瓜菜产业技术团队""功能农业技术研究推广中心"，引进聘任专家、学术带头人等各类人才20余人，为推进农村创新创业发展提供有力科技支撑。三是充分发挥返乡创新创业人员视野开、思路清、路子广的优势，鼓励他们带着农民干、帮着农民赚，着力培育了东永固村张健、吴家湾村杨世民等一批农民工返乡创新创业的"带头人"，先农养殖公司吕凤龙获第十一届"全国农村青年致富带头人"，更是掀起全市农村创新创业热潮，示范带动更多的农民工投身农村创新创业。

（三）完善返乡创新创业服务体系，使农民工"能发展"，令他们"可持续"。全面完善的服务体系是农民工返乡创新创业的重要助推器，全市充分发挥社会服务功能，为农民工创新创业提供有效的公共品。一是加强创新创业指导服务。组织全市农业专业技术人员定向指导服务农业企业，采取"培、练、传、帮、带"的服务措施，示范培育农村实用人才和后备技术人才，为农民工创新创业提供有效的智力支持。二是加强创新创业培训服务。将农民培训教育列入全市十件民生实事，深入实施新型职业农民培育工程，分层次、分类别培养致富带头人150人、培育新型职业农民1050人、培训农村劳动力4471人，通过拓宽培训渠道、优化培训方式、丰富培训内容，提升农村实用人才创新创业素质和能力，使农民工真正成为乡村创新创业的市场主体，推动农村创新创业事业高质量发展。三是加强创新创业宣传服务。成功认定高级职业农民37人，纳入石嘴山市农村实用人才管理范围，广泛宣传他们的经验做法和典型事迹，切实用先进的事迹鼓舞人、用有益的经验启迪人。利用广播、电视、报纸、网络、微博、微信等多种媒体，积极宣传鼓励支持农民工返乡创新创业的政策措施，营造全社会想创业、敢创业、会创业的浓厚氛围。

二、存在问题

（一）农村创新创业人才资源整合力度有待加强。一是农村创新创业环境存在风险大、周期长、比较效益低等问题，造成农业科技产、学、研集聚不足，农业科技成果与生产实际需求还存在脱节现象。二是农村创新创业主体意识不强,技术创新还以公共研究机构为主,未与农业企业形成关联机制,农业科技产业化相对滞后。三是农业农村生产普遍存在农业科研、推广机构与企业之间信息不对称,农业企业自身规模小,没有科技人员和技术力量,缺少科技成果信息,无法承接科技成果转化。

(二)农业创新创业人才培育体系亟待完善。一是受区域条件限制,农业农村对人才吸引力不强,在外创业成功的优秀人才"返巢"回流不多,有意或已返乡创业人员与农业生产实践严重脱节,急需通过引进社会力量和采用与先进地区联合办学等形式拓宽返乡创业人员培养方式和渠道。二是受教育医疗资源短缺、工资收入低等因素影响,一流农业科技人才很难"引进来"和"留得住",影响了高层次人才回乡创业的积极性。

三、意见建议

(一)依托科研平台聚集农民工返乡创新创业。建立明确的人才引进机制,鼓励农业企业采取自建或与科研高校共建研发机构作为人才交流平台,以项目为纽带,推进产学研结合,支持科研院所人员到企业研发中心开展成果转化,支持企业技术人员到科研院所参与课题研究,建立创新人才交流促进机制,吸引更多的人才投身农村创新创业。依托浙江农科院、宁夏农学院等高校和科研院所构建全市农业专业人才联合培养平台,加大对返乡创新创业人才学历教育和职业技能培训,夯实创新创业人才基础。

(二)依托服务平台吸引农民工返乡创新创业。一是加大协调统筹力度,针对农民工返乡创新创业特点,争取在市级层面出台各项社会保障、生活就业、子女入学、金融服务等政策,构建全链条优惠政策体系,形成政府激励创业、社会支持创业、农民勇于创业、各方参与创业的新机制。二是发挥互联网在信息资源配置中的优化和集成作用,开展农业人才动态信息服务,加大"中国农机推广"APP在全市的普及使用,为农业创新人才提供相关技术咨询一站式信息服务,建立稳定、畅通、便捷的解读和答疑工作机制。三是通过新闻媒体等广泛开展农业创新创业人才宣传,加大创业创新人才表彰力度,营造良好的农村创新创业氛围。

(三)依托创新平台推进农民工返乡创新创业。一是按照《宁夏回族自治区农业高新技术产业示范区建设管理办法》,集聚资源要素,创新发展模式,支持建设创新高地、人才高地、产业高地的制种高新技术产业示范区,搭建好农民工返乡创新创业平台。二是支持构建产学研相结合、育繁推一体化的现代种业体系,支持建设瓜菜、肉羊、生态水产三个产业创新园,构建集新品种展示、新技术引领示范等多功能融合的特色产业创新体系,夯实好农民工返乡创新创业基础。三是加大农业新型经营主体资金支持,吸引和集聚更多优秀青年参与创办领办农业新型经营主体,逐步将新型经营主体发展成为全市农业农村领域"大众创业、万众创新"的主要力量。

(撰稿:田　帅、孙云霞、李　莉)

聚力产业融合
推动绿色食品产业高质量发展

近年来,石嘴山市坚持抓龙头、建基地、带农户、拓市场、活流通,加快推动绿色食品产业发展,绿色食品原料生产基地逐步扩大、产业链条不断延伸、品牌建设稳步推进、科技水平显著提升。但仍然存在产业规模较小、实力弱,产品加工工艺落后等问题。2021年,自治区党委、政府和石嘴山市委、市政府做出重要决策部署,将绿色食品产业列入九大重点特色产业,制定了未来5年产业发展方案,明确了组织、金融、科技、人才、用地、基础设施建设等保障措施,绿色食品产业迎来了重要发展机遇,全市将立足产业区域功能定位,着力打造绿色食品优势区,加快推动产业链、价值链、供应链同步提升,形成以绿色食品产业引领现代农业发展的新格局,助力乡村振兴。

一、加快基地建设,夯实产业发展基础

坚持"科学布局、适度规模、对接加工、增强效益"的原则,聚焦"1+4"产业集群,创建一批标准化绿色生产基地。坚守粮食安全底线,全市粮食面积稳定在

106万亩、产量稳定在50万吨以上，加快培育"专用粮食""功能粮食"，提高粮食品质，创建5000亩以上的优质粮食生产基地2个。将奶产业发展作为"一号工程"，以河东地区为重点，集中打造河东现代奶业示范区，巩固发展河西奶牛养殖提升区，力争全市奶牛存栏达到10万头；以宝丰、灵沙等乡镇为重点，坚持小群多户、专业大户、规模养殖场同步发展，推广家庭牧场"50·300"养殖模式，加快宝丰羊业小镇建设，力争全市肉牛、肉羊饲养量分别达到15万头和150万只；以沙漠瓜菜、供港蔬菜、越夏番茄作为重点，抓好姚伏番茄之乡和4个绿色瓜菜示范区建设，力争全市瓜菜种植面积达到23万亩。加快发展葡萄和枸杞产业，力争全市葡萄和枸杞种植面积分别达到9000亩和1.5万亩。

二、优化园区布局，聚集产业发展优势

推进政策集成、要素集聚、企业集中、功能集合，改造提升惠农绿色农产品加工科技创业园、平罗县轻工业园区、通伏大米加工园区、绿色农产品加工流通产业园4个农产品加工流通园区。明确功能定位、坚持规划引领，加快建设平罗县高端乳制品加工园、大武口区轻工业园区。不断完善各园区物流、科技研发、质量检验检测等配套设施，吸引高端、智能、融合的绿色食品加工企业向园区集聚，提高产业集中度和辐射带动能力，实现集群发展。

三、加快龙头培育，壮大产业发展主体

以农业产业化龙头企业为抓手，加大政策扶持力度，不断培育壮大绿色食品加工主体，新培育产值5000万元以上绿色食品加工企业5家、超亿元的绿色食品加工企业1家，新认定自治区级龙头企业10家，开展绿色食品加工企业评星定级活动，评定四星级绿色食品加工企业3家。引导龙头企业牵头、农民合作社和家庭农场跟进、广大小农户参与，发展产业化联合体，实现抱团发展。鼓励绿色食品加工企业与农户建立契约型、分红型、股权型合作方式，探索"订单收购+分红""农民入股+保底收益+按股分红"等模式，构建企农利益联结机制，让农民更多分享绿色食品产业链增值收益。

四、加强品牌创建，提升产业发展质量

把发展富硒功能农业作为推进绿色食品产业转型发展、高质量发展的破题之举，着力提升"珍硒石嘴山"区域公用品牌影响力，做优富硒农产品单品品牌10个。发展

绿色有机农产品生产,抓好农产品质量安全追溯体系建设,认证绿色食品10个,切实提高农产品质量安全水平。充分发挥"黄渠桥羊羔肉""大武口凉皮"地理标志产品示范带动作用,引导行业协会、龙头企业、经营主体打造自主品牌,培育一批质量好、叫得响的农产品品牌。加大农产品品牌推介,组织企业参加农交会、绿博会等农产品推介会,支持办好"中国农民丰收节""种业博览会"等节庆和展会活动,加大外销窗口建设力度,让更多本地优质绿色食品"走出去"。

五、强化科技支撑,健全产业标准体系

鼓励绿色食品企业与高校、科研院所联合创建自治区级科技创新平台,组建乳品、畜禽、粮油、瓜菜、葡萄酒、枸杞等专家服务团队,开展共性关键技术攻关。构建绿色食品全过程标准体系,实现产地环境、生产投入品、产品质量、包装标识、储运保鲜等标准配套,提升绿色食品产业标准化生产水平。健全农产品质量安全检验检测和监管体系,推动食用农产品合格证产地准出和市场准入有效衔接,切实提高绿色食品质量安全水平。支持绿色食品加工企业完善仓储保鲜基础设施建设,构建适应绿色食品销售流通的供应链体系、运营服务体系和支撑保障体系。

六、全力招引项目,汇集产业发展动能

把项目作为推动绿色食品产业发展的强引擎、硬支撑,采取包抓包推、逐月调度等硬核措施,全力推进已经落地的15个绿色食品产业重点项目建设扩速提质增效。围绕绿色食品产业发展定位,加大招商引资力度,创新委托招商、以商招商,引进一批绿色食品产业大项目、好项目,补齐绿色食品产业链发展薄弱环节。优化营商环境、强化跟踪服务,确保招引项目能落地、见实效、发展好,使全市成为吸引客商的投资洼地。

(撰稿:陈志远、李　莉、丁静红)

关于石嘴山市农产品加工业的调查与思考

近年来,石嘴山市着力优化农业产业升级和结构调整,着力推进农业高质量发展,形成了"制种、瓜菜、草畜"三大优势特色产业,通过抓龙头,建基地,带农户,拓市场,促销售,促进了农产品加工业持续健康发展。

一、发展现状

(一)产业效益稳定增长。全市规模以上农产品加工企业189家,2018年全市农产品加工企业总产值29.95亿元,销售收入25.94亿元,农产品加工增加值18.95亿元;实现利润5.64亿元;上缴税金1096万元,农产品加工企业从业人员8864人,为劳动者提供报酬1.88亿元。截至2019年,农产品加工业总产值23.1亿元,同比增长7.8%。

(二)联农带动作用明显。企业自建种养殖基地9.47万亩,带动基地59万亩,联接农户10.1万户,转移农村劳动力2万多人。围绕全市农业主导产业建设,大批龙头企业走上"公司+合作社+农户+基地"的发展路子,形成了"乡有主导产业、村有特色产品、户有致富门路"的发展格局。

(三)品牌建设稳步推进。把发展富硒农业作为推进农业转型发展、高质量发展的破题之举,今年,成功举办了石嘴山市首届富硒产业发展大会,策划打造了"珍硒石嘴山"区域公用品牌,培育富硒农产品单品品牌11个,开发富硒大米、富硒面粉、富硒羊肉、富硒枸杞等农产品8个,在浙江、广东等地建设农产品外销窗口8个,创建"平罗沙漠西瓜""惠农脱水菜"地理标志商标3个、绿色食品品牌8个,全市"三品一标"农产品51个,带动优质粮食、瓜菜、牛羊肉、枸杞、葡萄酒等产业加快发展。

(四)产业融合初显成效。平罗县在通伏乡、姚伏镇、渠口乡、头闸镇等10个乡镇规划建设50万亩优质粮产业区;在城关镇、姚伏镇规划蔬菜基地10万亩;在城关镇、姚伏镇规划水产品基地10万亩;在陶乐镇、高仁乡、高庄乡规划种子种植基地12万亩,形成了粮食、种子、蔬菜、牛羊肉等领域在一产、二产融

合的良好态势。华泰农、发图发、宁羊等
龙头企业自建绿色原料基地,建立外销
"窗口",实现"从一连三"的融合。八大
庄、方歌农庄、塞上春等新型农业经营主
体积极拓展农业多功能,大力发展休闲农
业和乡村旅游业,形成了"隔二连三"融合
的典范。

（五）科技水平进一步提升。培育"自
治区农业高新技术企业"6家,自治区技术创新中心3家,区、市农业科技示范展
示区3个,有9家企业自建了研发机构,开展产业研究和产品开发,全市农业科
技贡献率达59%。宁夏泰金种业,建立了中国工程院邹学校院士工作站,联合
宁夏大学、宁夏农科院建立了宁夏制种产业研究院。马兰花生态农业公司与中
国海洋大学麦康森院士和中国农科院周志刚等3位博士合作,建立了农业院士
工作站和博士工作站。中国农科院王怀松、贺超兴、宁夏农科院谢华等5名研
究员合作成立了"石嘴山市瓜菜产业技术团队"。石嘴山市农业农村局与浙江
省农科院签订了科技合作协议,在优质纯种湖羊引进、繁育体系建立、生态水
产、人才培养、农产品精深加工等方面开展长期合作。

二、存在的问题

（一）农产品加工业发展滞后、企业规模小,加工不精细。全市189家农产
品加工企业,其中市级以上龙头企业只占25.9%。农产品加工业体系发育尚未
成熟,产业分工还不完善。大多数农产品加工企业的生产设备和技术水平偏
低,生产工艺比较落后,农产品生产基地普遍缺少储藏、保鲜和商品化处理等初
级加工设施,导致产后损耗大、品质难保障,附加值难提高,甚至造成许多农产
品集中上市、低价倾销和"烂市伤农"等现象。

（二）政策扶持力度小,产业融合不充分,利益联结不紧密。自治区、市尚未
出台专门扶持农产品加工业发展的政策意见,对农产品加工企业技术改造、新
产品开发、包装创意设计、品牌策划营销等环节支持较少。农业集约化和农民
组织化程度还不高,合作经营、股份合作、产村融合等融合模式发育还不充分,
农民与企业之间订单交易方式普遍缺乏法律约束力,广大农民难以享受产业链
延长所带来的利润,农产品加工业可持续发展后劲不足。

（三）品牌和商标多,知名品牌少。虽然培育了"沙湖辣酱""绿茵种子""贺

东庄园葡萄酒"等农产品品牌，但部分企业经营者缺乏商标品牌保护和宣传意识，创牌积极性不高，没有形成自主特色品牌，品牌知名度不高，产品定位不突出。农产品品牌文创队伍缺乏，品牌策划和品牌创意滞后，标志性区域品牌、战略性企业品牌和叫响全国走向海外的品牌较少，依靠品牌张力带动加工业发展的能力不强。

三、对策建议

（一）培育壮大龙头企业，发挥示范点的作用。加大对龙头企业的扶持力度，引导和鼓励企业通过兼并、合并、联股、控股等方式，扩大经营规模，加快改造升级，促进企业上水平、上规模。鼓励新型农业经营主体建设农产品产后服务中心，加快农产品产地初加工所需要的保鲜冷藏、烘干、拣选、分级、包装等设施。引导龙头企业在加工原料的品种选择、基地建设、质量安全追溯方面，与种养殖户建立优质优价、优品优贮机制，打造好农产品加工"第一车间"。

（二）创新融合发展模式，构建利益连接机制。大力培育行业协会、产业联盟和现代农业联合体等生产加工组织形式。引导加工流通企业与种养殖主体建立稳定的"订单农业"关系，积极发展"龙头企业+合作社+农户"的新型产业化模式，以"保底收益、按股分红"为主要形式，构建让农民分享加工流通增值收益的利益联结机制。引导农产品加工业与休闲、旅游、教育、体育、康养等产业深度融合，积极发展电子商务、乡村旅游、观光工厂、体验中心、粮食银行等新业态。

（三）完善质量追溯体系，着力打造优势品牌。着力培育一批市场信誉度高、影响力大的区域公用品牌、企业品牌和产品品牌，构建"区域公用品牌引领、企业自主品牌支撑、产品创新品牌增强后劲"的品牌发展格局。打响"珍硒石嘴山"品牌，扩大生产规模，加强新品开发，做强富硒农产品个体品牌。大力推行农产品的生产、加工、销售的全程标准化，建立一套规范的农产品质量标准体系，积极组织企业、基地申报认证"三品一标"农产品，通过建设农业物联网，确保农产品在生产、加工全程质量可控制、可监督、可追溯。

（撰稿：田　帅、李　莉、孙云霞）

发展休闲观光农业　助推乡村旅游发展

推进休闲农业和乡村旅游，是促进农业结构优化升级、提升乡村产业水平、实现一二三产业融合发展的有效手段。近年来，石嘴山市积极拓展农业多种功能，加快推动农业与旅游、教育、文化等产业深度融合，全力打造沿贺兰山东麓、沙湖、星海湖和黄河金岸等休闲农业和乡村旅游圈，全市休闲观光农业蓬勃发展，呈现出"产业规模扩大、供给结构优化、发展质量提升、领域功能拓展"的良好态势。

一、发展现状

（一）因地制宜衍生多种产业。全市休闲农业与乡村旅游围绕"一山两湖一河"的自然地貌，已初步形成了以贺兰山东麓110国道为轴线，酿酒葡萄、农耕民俗为主的研学科普体验带；以星海湖、沙湖为中心，滨水度假、垂钓竞技为主的农家乐、渔家乐休闲带；以黄河金岸为轴线，康养健身、沙漠旅游为主的黄河大漠观光带，全市乡村旅游与农业、文化、体育、康养等产业逐步实现有机结合。目前全市登记注册的休闲农业企业（农家乐）88家，因经营不善和政策性停业的20家（包括19家农家乐和1家休闲农业企业），正常经营的有68家，其中农家乐36家，休闲农庄32家，全市休闲农业企业固定资产达到9.08亿元，2020年实现经营收入1.3亿元、接待游客106.95万人次。

（二）业态要素更趋丰富完善。全市依托自然特色、区位优势、文化底蕴、生态环境、经济发展水平和消费习惯等要素，积极利用农业和生活资源，不断创建丰富多彩、主题鲜明、类型多样，适合不同群体休闲消费的目的地。培育打造了一批以欣赏田园美景、品味

贺兰山下第一村——龙泉村

乡土美食、参与农事体验、感受农耕文化等为主要内容的休闲农园、休闲农庄和休闲乡村，发展了一批民俗文化、乡村旅居、高端民宿、农事节庆等不同类型的休闲农业新业态和新模式。其中龙泉村以建设美丽乡村主题，紧依贺兰山形成"山、庄、田"错落有致的地理形态，以"小组团、多风格、低成本、乡村化"为思路，将龙泉村打造成为具有示范意义的"贺兰山下第一村"；大武口区硒有田园打造记忆20世纪60年代农场生产生活景象和现代绿色健康的人居环境，利用土壤硒元素含量高的区位优势和农家内"家家有果园、户户有故事"的自然条件，吸引曾经在农场生产生活的人回来游览，带动农产品销售；贺东庄园和西御王泉依托贺兰山东麓地理位置和葡萄产业优势，大力发展葡萄文化产业、贺兰山古迹和农业旅游，带动休闲农业发展；惠农区大地天香以绿色农产品加工园区和方歌休闲农庄为中心，打造脱水蔬菜种植加工销售、玫瑰花卉种植加工销售、观赏桃花种植休闲观光为一体的三产融合新亮点，带动全区农村经济发展。

（三）节庆推介宣传强力推进。2020年，筹划举办了石嘴山市美丽乡村旅游文化节，各休闲农业企业根据自主原则，结合自身优势，举办了蕾牧高科生态旅游大漠牦牛文化节、银河村七夕文化美食嘉年华、黄渠桥镇特色美食文化节等

各类节会活动20余场次，做到了县区有节会、乡镇有活动，经济和社会效益明显，直接拉动休闲旅游人数50余万人次，扩大和提升了全市休闲农业与乡村旅游的影响力。与此同时，还充分发挥各种媒体作用，形成报纸有文章、网络有专题、广播有声音的立体宣传推介格局。

（四）工作亮点纷呈且成果显著。一是制订方案精准跟踪服务。按照区、市农村工作会议精神，结合全市休闲农业与乡村旅游发展现状，制定了《石嘴山市休闲农业与乡村旅游实施方案》和《石嘴山市休闲农业提升年活动方案》，加强全市休闲农业与乡村旅游工作指导，明确年内开展的系列活动目标和要求，有条不紊推进各类节会活动开展，精准跟踪督促各休闲农业场点按照年初申报节会时间节点如期高标准、高质量完成节会活动。二是政策资金扶持逐步加大。近年来，培育休闲农业示范点7个，并分别给予20万元以奖代补资金支持，分别安排100万元、55万元资金支持休闲农庄加快发展和中国农民丰收节筹办，安排340万元产业融合资金支持龙泉村、马家湾村、银河村、黄渠桥村4个全国乡

村旅游重点村发展乡村旅游,积极争取自治区、市一二三产业融合发展及乡村振兴产业化资金318万元,用于全市乡村旅游发展及惠民活动补助。通过政策和资金支持,极大地增强了农业企业加大发展休闲农业的信心。三是评星定级推动示范引领。始终把开展休闲农业示范点创建和星级评定工作作为休闲农业提质增效的抓手,共获评全国五星级休闲农业和乡村旅游企业3家、四星级4家、三星级10家,三星级以上农家乐22户,创建自治区级休闲农业示范点13家、宁夏十大旅游特色农家乐2家,休闲农业企业共注册商标23个,获得地理标识1个,龙泉村、银河村、黄渠桥村、马家湾村先后获得全国乡村旅游重点村,龙泉村被评为中国美丽乡村,马家湾村获得2020年中国美丽休闲乡村。

二、存在问题

(一)特色不明显。全市已经建成的休闲农业企业和农家乐中,相当一部分集中在比较单一的垂钓、采摘、餐饮项目上,大多数休闲农业经营项目只是表层开发,缺乏创新设计和深度加工,文化品位不高,产品城市化倾向普遍,乡村气息不浓,对城市消费者吸引力较弱,需求受到抑制。

(二)缺乏人才,影响休闲农业上档次上水平。全市休闲农业和乡村旅游经营主体负责人和职业经理,大专及以上学历4人,聘请职业经理6家,普遍存在文化程度不高的问题,缺乏乡村旅游开发的理论专业知识和实践经验,导致部分乡村旅游开发经营受限,对自然生态环境破坏问题日趋凸显,废气、废水和生活、餐余垃圾等处理不合规，乡村旅游生态环境承载能力减弱，严重影响乡村旅游的可持续发展。

（三）宣传力度不够。首先缺乏宣传意识，没有认识到宣传的重要性，甚至有些休闲农业和乡村旅游景区根本不做宣传。其次是宣传广度不够，不但市外没有宣传，市内和本地宣传也不够，在调研中发现，许多休闲农业、农家乐本地人既不知道，也没去过。

（四）文化内涵挖掘深度不够。无论是在农业用具、物资开发利用、农事节庆活动挖掘上，还是与民族文化、农耕文化融合深度上都较为缺乏，特色不鲜明，主题创意缺少文化内涵。

三、对策建议

（一）坚持规划引领，科学合理布局。一是坚持规划引领。规划全景打造，聘请专业团队参与休闲农业与乡村振兴发展规划编制，使休闲农业发展规划与乡村振兴战略更加契合。二是科学合理布局。根据区位、环境、资源、文化等各种不同的优势，因地制宜研究制定辖区休闲农业与乡村旅游发展规划，使休闲农业与乡村旅游整体结构布局科学合理。

（二）突出文化特色，发挥文化底蕴。一是深入挖掘文化资源。按照"在发掘中保护、在利用中传承"的思路，实施农耕文化保护传承工程。对重要农业文化遗产进行全面保护，提高社会各界对保护农业文化遗产工作重要性的认识。二是突出文化特色底蕴。立足于当地和民族的农耕文化、民俗风情，历史村落、特色民居，以文铸魂、以景绘魂、以情述魂，讲好家乡故事，使休闲农业和乡村旅游的文化更加绚烂。三是继续发挥文化节庆作用。加强标志性休闲农业节会的举办，突出区域特色，凝练休闲主题，丰富节会内容，提升文化创意，不断扩大规模，提升效果。

（三）加强品牌培育，开展宣传推介。一是强化品牌培育，实现六个提升。在丰富类型和融合聚集上的重大提升，在文化传承和创意设计上的重大提升，在产业升级和利益共享上的重大提升，在人员素质和设施改造上的重大提升，在规范管理和生态保护上的重大提升，在典型示范和氛围营造上的重大提升。促进全市休闲农业不同主体多元化、业态多样化、设施现代化、发展集聚化和服务规范化发展，引领各类业态实现规范化、主题化、特色化、品牌化、融合化和一体化发展。二是开展推介宣传，吸引城乡居民到乡村休闲消费，采取线上宣传和线下发布相结合等多种宣传渠道，特别重视运用新兴媒体平台，加强网络推介,引导休闲农业出新彩,吸引更多的消费者走进乡村。三是加大对星级企业品牌的培育力度。对于全市已经评定的星级企业,加快健全休闲农业和乡村旅游品牌体系,以"珍硒石嘴山"区域公用品牌为引领,培育各具特色的休闲农业和乡村旅游"子品牌"。积极引进先进管理、探索市场营销,精心包装策划一批特色鲜明的休闲农业和乡村旅游项目,发展一批主题突出、设施配套、科技含量高的品牌休闲农业和乡村旅游产业。

(四)加大创新力度,实现提质增效。一是创新思路。紧扣全市全域旅游规划,整合资源,实现要素合理流动配置,共建共享,拓展功能,推动一二三产业融合,形成农业资源与跨界元素良性互动。二是创新市场主体。加快成立全市农业产业化联合体,明确农业产业化联合体在旅游产业体系中的新型企业地位,鼓励休闲农业企业间成立新的联合体,以入股或者成立股份合作公司的形式,推动乡村旅游和休闲农业发展。三是创新行业服务。加强政银企合作,创设休闲农业信贷新产品,加强对休闲农业协会服务指导,协调协会健全完善联组机构,建立联组制度,谋划创立休闲农业发展基金。

(五)结合市情制宜,实现"三个"融合。一是实现与全域旅游融合发展。创新发展思路,围绕石嘴山市全域旅游规划,整合资源,调动综合要素,共建共享,拓展功能,推动一二三产业融合。依托旅游资源,推进农旅结合,打造区域特色产业,注重文化、景观创意,形成农业资源与跨界元素良性互动,为消费者提供吃住行游乐购、商养学闲情奇等全方位服务与产品。二是实现与特色小镇融合发展。休闲农业和乡村旅游的发展,必须与美丽乡村建设相融合,以村庄规划为先导,以环境治理为依托,突出特点建设多种模式的村居乡貌,紧扣乡村文化传承、保护与开发,让美丽乡村建设成为休闲农业发展的有效载体。三是实现与农业优势特色产业融合发展。聚焦草畜、瓜菜、制种三大特色优势产业,走品牌和规模化发展道路。利用重大节庆活动,实现农产品展、特色小吃展、乡村旅游展、垂钓大赛以及优质果蔬采摘等一系列活动实现有效衔接。

(撰稿:李　莉、田　帅、孙云霞)

平罗县新型农业经营主体培育体系
建设情况调查与思考

近年来，平罗县把新型农业经营主体培育作为发展现代农业的主要抓手，加大扶持力度，新型农业经营主体不断发展壮大。截至2020年10月，新型农业经营主体总数1171家。其中全县正常运行的农民专业合作社742个，合作社成员6233人，带动农户4.2万户。其中涉及种植业290个、畜牧水产业252个、林业19个，社会化服务及其他181个，在县农经站备案的合作社232家。共培育国家级示范社10个，自治区级示范社27个，市级示范社38个，县级示范社77个；全县农民专业合作社带动农户数占比为80.9%。涌现出了平罗县双赢蔬菜专业合作社、平罗县盈丰植保专业合作社、平罗县融盛种业专业合作社、平罗县伊源羊产业专业合作社、平罗县五香稻米专业合作社等典型合作社，在三产融合中发挥着典型作用。全县现有正常运行的家庭农场222家，其中从事种植业的186家，从事养殖业的4家，种养结合的12家。创建二星级家庭农场52家，三星级示范家庭农场45家，四星级示范家庭农场29家。全县农业社会化服务组织共54家，其中合作社31家，企业23家，建成农业社会化综合服务站7家，其中三星级2家、二星级3家、一星级1家。全县农机装备总动力达65.68万千瓦，小麦、水稻、玉米三大粮食作物的综合机械化率为94.1%，秸秆综合利用率达85.7%，残膜回收率均达83.5%。农业生产托管服务面积达261.8万亩次，服务农户数比重达90%。其中机耕托管服务面积96.8万亩次，托管小农户的面积57.5万亩次；统防统治托管服务面积15万亩次；机收托管服务面积67.5万亩次，小农户托管的面积42.5万亩次。全县农业生产土地托管服务面积逐步扩大，节本增效成效不断显现。其中水稻托管每亩节本增效180元，蔬菜托管每亩节本增效200元，饲草玉米每亩节本增效120元。全县有农副产品加工企业153家，其中自治区级龙头企业39家，市级龙头企业28家，规模以上大米加工企业7

家、面粉加工企业4家、植物油加工企业5家、蔬菜加工企业4家、牛羊肉加工企业4家、酒厂2家、种子生产加工企业13家。

一、工作情况及成效

（一）加强示范引领，发展质量不断提升。将农民合作社规范建设贯穿指导发展全程，深入推进示范社创建行动，制定了《平罗县农民专业合作社示范社申报及农业财政项目实施管理办法》《平罗县县级农民专业合作社示范社创建办法》和《平罗县星级经营主体评选办法》等办法，扎实开展国家、区、市、县四级农民合作社示范社创建、评定和监测活动，实行动态管理，打造了一批产业特色明显、运行机制规范、服务带动能力强、产品质量安全优质、民主管理水平高的农民合作社示范社。加大对示范合作社的扶持力度，财政项目重点向示范社倾斜，支持县域内农民合作社高质量发展。县财政每年筹措资金200余万元对星级合作社进行奖补，鼓励合作社提档升级。全县基本形成了合作社自我规范、部门指导规范、社会监督规范的良性发展局面。通过国家、省、市、县示范社"四级联创"，成功创建县级示范社77个，市级示范社38个，区级示范社27个，国家级示范社10个，树立了一批合作社示范标杆和样板。探索农村产权制度改革成果与合作社有机结合，23家合作社与村集体经济组织紧密合作，增加村集体收入184万元。

（二）加强规范化建设，带动能力显著增强。充分发挥农民合作社引领农民节本增效、规模经营、带动就业增收作用。制定了农民合作社规范化达标验收标准，开展了农民合作社规范化创建活动，不断提升农民合作社规范化建设水平。全年农民合作社为成员提供统供统销、统防统治、统耕统种统收等经营服务总值达2725万元，30%的农民合作社实现产销一体化，建成各类农业示范园区109个，带动全县优质水稻生产18万亩，制种15.2万亩，瓜菜22万亩，各类合作社家庭农场实现经营收入6.6亿元，可分配盈余8327.5万元，土地规模化经营25.6万亩，农业集聚发展态势凸显。按照"八统一"模式，推动农民合作社走标准化生产、商品化处理、订单化销售路子，与农户建立紧密联结机制，带动4.2万户群众参与优势特色产业规模化、专业化生产，签订订单34万亩，每年每户农户节省成本650元，农民合作社成员户均增收8000元以上。持续推动农民合作社品牌建设，96家农民合作社注册沙漠瓜菜、"绿茵"种子等农产品商标100多个，其中宁夏著名商标36个，宁夏名牌产品6个，"三品一标"农产品达24个，全县建设无公害食品和绿色食品生产区近20万亩。

宁夏众合兴农农业服务有限公司的无人机正在开展玉米病虫害防治

（三）加强支持引导，服务领域明显拓宽。顺应农业多功能和农民合作多需求趋势，引导农民合作社不断拓宽服务范围，引进现代要素和现代业态，集聚农民合作社发展新动能，促进一二三产业融合发展。推动农民合作社由种养业向农产品加工、民间工艺制作和服务业延伸。全县153家农业企业中，由农民合作社自办或参与的加工流通企业达63家，全县农产品加工转化率达68%。21家农民合作社参与发展电商业务，乡村级电商服务站达120个，20家发展休闲农业、乡村旅游、信息服务等新产业新业态。积极推广农业生产托管服务新模式，引领部分农民合作社转型升级，发展农业社会化服务。全县农业社会化服务组织54家，2020年重点选择12家服务组织试点开展农业生产土地托管服务近5万亩，土地托管农户亩均节本增收350元以上，全县年农业社会化服务面积达38万亩。

（四）加强核查清理，整体素质显著提升。成立"空壳社"专项核查清理工作领导小组，制定《实施方案》和《实施细则》，明确各部门职责，采取现场查看农民合作社经营场所、生产基地、管理制度、会计账目，结合实地问询合作社交易相对人、成员、村两委等方式，对县域内所有注册农民合作社开展全面调查摸底，重点对被列入经营异常名录、群众反映和举报存在问题以及在"双随机"抽查中发现异常情形的农民合作社依法依规逐一排查，精准甄别存在问题。在全面普查的基础上，按照"清理整顿一批、规范提升一批、扶持壮大一批"原则，实行分类处置，共甄别清理整顿"空壳社"207家，规范提升类353家，扶持壮大类380家。

二、工作举措和做法

（一）加强组织领导，强化人员保障。建立由分管副县长任组长，由县农业农村局局长任副组长，由县市场监管局、发展改革局、财政局、税务局、自然资源局、供销合作社、农改中心等部门和各乡镇政府负责人为成员的工作领导小组，领导小组下设办公室，办公室设在县农业农村局。从县农经、农技、畜牧、市场监管、供销等单位抽调人员，成立工作专班，具体负责试点工作方案的制订、各项任务的落实、推进、检查等工作。把推进农民合作社高质量发展纳入工作目标绩效管理，逐级分解责任，加强指导检查。领导小组先后3次召开专门推进工作会议，听取试点工作进展情况、存在的问题，制定具体的推进措施，为试点顺利推进提供了有力的组织保障。

（二）强化宣传培训，营造良好氛围。利用报纸、电台、电视台、微博等多种新闻媒体、宣传渠道，加大对农民专业合作社质量提升整区推进试点工作的宣传力度。注重总结促进合作社高质量发展的好做法、好经验，积极培育典型，强化示范推广，发挥辐射带动效应。先后举办了2期农民合作社高质量发展培训班，参训人员160人，就农民合作社家庭农场高质量发展政策、农民合作社规范化建设、金融服务新型农业经营主体等进行培训。结合农业生产托管项目的实施，悬挂各类宣传标语30余条，发放宣传资料5000余份，为试点推进营造了良好的氛围。

平罗县盈丰植保专业合作社农民田间培训学校

（三）强化政策扶持，加大投入力度。制定了《平罗县支持农民专业合作社高质量发展十五条政策》，积极争取国家和自治区、市农业产业化等资金和项目，强化政策衔接配套，统筹相关涉农项目资金，进一步完善了扶持政策，从财政税收、科技服务、金融信贷、市场营销、人才引进等方面，构建符合合作社发展的支持政策体系。优化各类财政支农结构，通过"先建后补、以奖代补、合约建设、购买服务"等方式，支持各级示范性合作社实施一批补短板、强弱项、拓功能和促进高质量发展的项目，为农民专业合作社发展营造良好的环境。对农民合作社购买农机，除享受国家购机补贴政策外，县财政再给予10%的补贴；对农民合作社建设农机具库、仓储及晒场等基础设施，从建设用地审批上予以优先办理，并给予总投资30%的补贴；对农民合作社开展新品种新技术示范推广、基地建设、冷链物流建设等方面也给予资金扶持。2020年共争取国家和区、市农民合作社发展项目资金总计860万元，县财政落实各类扶持农民合作社发展资金600万元，对农民合作社予以重点扶持。

（四）密切部门协作，形成工作合力。县委农办和县农业农村局发挥牵头抓总的主体职责,协调县市场监管局、发展改革局、财政局、税务局、供销合作社、农改中心等部门,遵循各负其责、相互配合、共同推进的原则,形成推进试点的工作合力,保证了试点顺利推进。特别是在"空壳社"核查和清理整顿过程中,建立了部门间合作社登记、注销信息通报机制,县市场监管局高度重视,充分发挥职能作用,安排专门领导和工作人员,与县农业农村局、税务局和各乡镇密切配合,每季度末30日前将合作社登记、注销信息向县农业农村局进行通报。同时,简化注销程序,重点对被列入企业经营异常名录的合作社、无农民成员实际参与的"空壳社"、没有实质性生产经营活动的"挂牌社"、注册后从未开展经营活动的"僵尸社"进行清理注销。全县在全面普查的基础上,按照"清理整顿一批、规范提升一批、扶持壮大一批"原则,实行分类处置,共清理整顿"空壳社"207家。

(五)健全制度机制,强化政策支撑。先后出台了《关于推进家庭农场和农民合作社高质量发展的实施意见(2020—2022年)》《关于开展农民专业合作社规范化建设的通知》、《平罗县县级农民专业合作社示范社创建办法》以及平罗县合作社"X统一"服务制度、平罗县合作社财务管理制度等12项制度,为合作社规范化建设提供了制度和政策支撑。结合示范社创建工作,指导合作社依法建立健全成员(代表)大会、理事会、监事会等组织机构,制定符合自身实际的章程以及生产经营、综合服务、市场营销、利益分配等各项管理制度,不断推进经营管理升级。安排专人对合作社财务管理进行检查和指导,指导和要求合作社严格执行农民专业合作社财务和会计制度,定期公开财务报表,接受成员监督。加强合作社管理人员培训,与新型职业农民培训相结合,通过相关职业技能培训,全面提升农民合作社理事长素质和经营管理水平。

陶乐镇沙漠瓜菜园区冷库

(六)推进产业联合,促进多主体融合。大力推广"龙头企业+合作社+农户"经营模式,支持农业龙头企业、农民合作社、家庭农场、种养大户等围绕平罗县优质粮食、制种产业、草畜产业、蔬菜产业,组建联合社或产业联合体,提高产业竞争力和抗风险能力。由平罗县绿茵种子有限公司牵头,联合20余家制种专业合作社和制种大户,组建成立了平罗县蔬菜种子产业联合体,联合体牵头建立了种子产业风险担保基金,每个合作社向该基金池注资10万元,为联合体内部的企业、合作社以及家庭农场、种植大户提供风险担保贷款,2020年共发放贷款5600万元。围绕平罗县沙漠瓜菜产业发展,由宁夏华泰农农业专业合作社牵头,联合平罗县陶乐镇王家庄村、东园村、马太沟村、施家台子村股份经济合作社,成立了平罗县陶乐镇沙漠瓜菜专业合作社联合社,以股份合作等形式,共同投资800余万元,建设高标准四季节能日光温室27座,发展沙漠瓜菜生产和销售,联合社每年可带动庙庙湖村村民(包含庙庙湖村建档立卡户150人)约300人就业,每年可带动农户增收5万元,形成庙庙湖村移民贫困户增收、企业增效的"双赢"局面。围绕平罗县优质水稻产业,联合14家农民专业合作社和家庭农场,注册成立了平罗县通伏稻渔综合种养经济专业合作社联合社,发展优质稻渔基地建设、休闲观光、加工销售,2020年在通伏乡建设稻渔综合种养基地1万亩。

(七)建立担保基金,加大金融支持力度。为了进一步开辟平罗县农民合作社高质量发展融资渠道,解决农民合作社融资难问题,我县利用农民合作社发展资金416万元,分别与平罗县农村商业银行股份有限公司和邮储银行平罗县支行合作,设立了农民专业合作社贷款风险补偿基金,按照扩大10倍的额度放贷,为自治区级以上的农民合作社示范社提供贷款风险担保和补偿,并在贷款期限、贷款利率、抵押贷担保方式等方面放宽条件、简化程序,主要为农民合作社示范社基地建设、牛羊补栏、新技术推广应用、社会化服务、产品营销等生产经营能力提升,开展生产、供销、信用"三位一体"综合服务合作等方面提供信贷扶持。农民合作社在贷款本金逾期后90天仍然不能偿还的,由县农业农村局、县财政局会同经办银行认定后,由担保金和经办银行按照7:3的比例先期进行代偿。对于追偿所得资金或借款人恢复还款能力后收回的资金,在收回资金的三个工作日内按照双方承担的代偿比例原渠道返回担保金账户;对没有全额追回贷款的,按实际追回贷款金额的7:3比例返还双方。截至目前已发放贷款2600万元,充分发挥了财政资金的撬动作用,有效满足农民合作社资金需求。

三、存在的问题及对策建议

(一)存在的问题。当前,我县农民合作社质量提升试点工作进展顺利,但农民合作社发展仍然存在一些问题。

一是认识不够深。主要表现在农民的合作意识还比较淡薄,合作社纵向横向联系不紧密，发展基础薄弱，带动面不宽。各个部门对合作社在农业发展领域的主导作用认识还不够。

二是运行机制不够健全。部分合作社存在组织结构相对松散，利益联接机制不紧密，与农户缺乏较为严密的利益共同体关系。部分专业合作社财务制度、收益分配制度还不够健全，监事会、理事会等机构作用还没有得到充分发挥。

三是社会化服务相对滞后。部分合作社由于规模小，缺乏资金实力，服务手段落后，统一提供农业社会化服务的能力不足，不能满足农业产业化全面发展的需要。

四是带动能力不够强。农业龙头企业、农民合作社、家庭农场和农民之间的联合与合作还不够紧密，合作社带动农户的范围和深度还存在差距，与现代农业发展还不相适应。

（二）对策建议。继续贯彻落实自治区党委农办《关于推进家庭农场和农民合作社高质量发展的实施意见（2020—2022年）》，强化指导，优化服务，积极创新，从以下几个方面全力推进试点工作：

一是继续规范合作社运行机制。健全运行管理制度，提高民主管理水平，加大"空壳社"核查和清理力度，推进依章办社、推进依法登记、推进机构协调运行、推进盈余科学分配，力争全县80%以上的合作社建立完备的成员账户、实行社务公开、依法进行盈余分配，成员权益得到切实保障，培育壮大一批规模大、竞争力和带动力强的合作社。

二是强化合作社联合与合作。建立健全已经成立的产业联合体和联合社运行机制和各项制度，使其充分发挥联合与合作作用，形成密切的产销衔接关系。着眼推进区域性联合、行业性联合和产业链联合，围绕草畜产业、奶产业、蔬菜产业，继续培育建设1~2个产品服务市场占有率高、品牌知名度大、市场谈判地位高、竞争力强的合作社联合社。

三是继续提升指导服务能力。重点从健全规章制度、构建扶持政策体系、加强示范引领、探索准入退出机制、搭建服务平台五个方面着手，注重制度创新，建立合作社市场准入前信息共享、事中协同监管、市场退出机制，加大政策和资金扶持力度，从资金、土地、金融等方面着力解决制约合作社发展的突出问题，力争合作社组织规模和带动能力不断扩大。

四是抓好示范引领增强服务能力。继续实施示范社创建活动，完善县级示范社评定监测办法,开展示范社评定和动态监测,建立示范社名录,对示范社给予重点扶持。选择产业基础牢、带动能力强、信用记录好的合作社,积极稳妥开展社会化服务,探索满足小农户发展农业生产的社会化服务模式,为农民群众提供单个办不了、发展最需要的服务。

五是合力推进、注重总结。充分认识开展合作社质量提升工作的重要性和紧迫性,紧盯关键环节和时间节点,细化完善工作措施,靠实工作责任,各司其职、各负其责,分工协作、密切配合,认真开展自查自评,总结经验,查找问题,边查边改,建立健全长效机制,确保农民专业合作社质量提升试点工作取得实效。

(撰稿:王　云、马雪峰、李宏阳)

以重点项目为"引擎"
为农业农村发展注入活力

近年来,石嘴山市始终坚持"项目为王"理念,把农业农村重点项目建设作为实现乡村振兴的新"引擎"和落实"三农"工作任务的重要抓手,认真谋项目、干项目、促项目,充分营造大抓项目、抓大项目的浓厚氛围,以高质量的项目建设为农业农村发展注入活力。

一、重点项目建设基本情况

2021年石嘴山市实施农业农村重点项目65个,其中投资过亿元的项目5个、过5000万的投资项目11个,所有项目年度计划总投资17.48亿元,开工率100%,投资完成率95%以上,年度实施项目数、年度投资额均高于以往年度,农业农村重点项目总体呈现投资大、项目多、带动强等特点。

(一)项目管理机制更加健全。紧紧围绕市委、市政府"5+3"项目推进机制和《九大重点产业高质量发展推进方案》文件精神,按照"重点工作项目化、项目工作清单化、清单工作责任化"总体要求,建立重点项目调度制,紧盯重点项目建设各个节点,抓协调、解难题,每月梳理上报项目进度,积极协调解决项目建设过程中存在的立项审批、土地征用等方面的困难和问题,力促项目建设扎实推进;建立督查通报推进机制,每月组织对签约项目转化、开工项目推进、项目竣工验收情况进行督查通报,通过上下联动的方式,加速推进项目建设;建立长效机制,紧紧围绕建设目标任务,在项目规划、招商引资、项目推进、对接协调、实时监测、项目考核等各方面形成更加健全、常态、长效的管理机制,确保农业农村重点项目有序推进,促使项目早见成效。

(二)招商项目成效更加凸显。全市农业农村部门认真贯彻市委、市政府有关招商引资工作的决策部署,始终把招商引资作为产业发展的"一号工程",在招项目、促落地等方面精准发力,成效显著。一是项目辐射面更广。成功招引了宁夏利垦牧业二期奶牛养殖场、众诚聚力肉牛养殖场、红果生物绿色高蛋白全果营养果浆生产、兴康恒润农产品加工、德希恩菌丝车间、石嘴山市菌草种植基地及加工等一批大项目、好项目,涉及奶产业、肉牛产业、绿色食品产业、菌草产业等多个农业产业领域。二是项目支撑性更强。据不完全统计,今年共落地农业农村招商引资项目17个,计划总投资7.4亿元,较去年增长10%以上,其中投资过亿元的项目3个、5000万元以上的项目6个,项目投成后预计提供工作岗位1200个,对市域经济拉动作用较大,且招引的岳氏集团、红果生物、鸿盛菌草等企业科技性较强、产业链条更长,对当地农业产业发展起到积极影响。

(三)重点产业项目更趋多元化。着眼补短板、调结构、增后劲,突出在重点特色产业上谋划研究,以项目促进重点工作落实,以项目推动产业发展,重点项目总体呈多元发展趋势。实施农业基础设施项目4个,建设高标准农田面积4.8万亩,盐碱地高效利用3.38万亩,项目正在稳步推进;乡村建设行动项目全面完成,集中打造"中心村"28个,建成农村户厕1450户,新增农村污水管网63.6千米,覆盖农户1800余户,村容村貌持续提升;实施乡村振兴项目10个,沙漠瓜菜、优质肉牛肉羊养殖等种养殖园区生产和扶贫车间投入使用,华泰农、新丝陆等16家扶贫龙头企业逐步做大做强;利肯牧业、瑞丰园等10个奶牛养殖项目全部投产,建成全区第一家5G智慧牧场——金海农牧,旅游观光牧场——玖倍尔,奶业发展全区增速第一;众诚聚力、金卉丰等10个肉牛肉羊产业项目全面建成,肉牛、肉羊饲养量同比增长28.36%和6.41%;新(改)建绿色食品加工项目

全区第一家5G智慧牧场——金海农牧生产现场

13个,绿色食品加工企业产值同比增长18.2%,带动效果明显;葡萄酒、特色瓜菜制种、生态水产、生猪养殖等产业项目建设持续稳定发展,建成总投资近2亿元。

(四)项目建设环境更加优化。市人民政府办公室印发《关于石嘴山市深化"放管服"改革优化营商环境重点任务分工方案》,各县区、责任部门服务项目建设的意识普遍增强,将优质服务贯穿于项目立项审批、金融资金支持、环境评价、用地保障、人才培训等各个方面,为项目顺利推进提供保障。一是深化投资审批制度改革。进一步简化、整合投资项目报建手续,强化项目代码作为项目建设生命周期的唯一身份标识属性,提高项目单位获取政府管理服务信息的便捷性。二是打造网上"中介超市"。打造涵盖测绘、咨询、设计等工程建设领域的网上"中介超市",规范工程建设项目全过程涉及的技术审查和中介服务项目,为工程建设项目制度改革提供有力支撑。三是强化多部门联合验收,进一步强化验收服务、整合优化竣工验收流程、简化竣工验收程序,提高项目竣工验收效率和便利化程度。

二、存在的主要问题

虽然本市农业农村重点项目建设取得较大突破,尤其是在市委、市政府提出实施"5+3"项目推进机制后,各项推进制度、措施日趋完善,招商引资力度明显增强,农业农村投资显著提升。但是,在项目实施过程中依然存在着前期准备工作不够、谋划项目能力不足、要素瓶颈制约依然突出、重大支撑性项目和高技术项目偏少等短板。

(一)部分项目前期准备工作不够。项目实施单位在项目实施前期,存在着方案论证不科学、手续办理不及时、资金落实不到位等问题,导致在项目实施的过程中,不能按照基本建设程序有序推进,往往前松后紧,最终仓促上马,致使项目因各种因素问题影响项目进度。

(二)谋划项目能力不足。主要表现在对国家政策和市场预期分析研究不到位,谋划项目的眼界不够开阔,项目谋划过程中考虑不深。虽然全市农业项目体量和数量逐步增长,但总体上看,百万元的小项目较多,投资规模大、带动力强的大项目还远远不够,具有创新性、开拓性、科技含量的项目不多。

(三)要素瓶颈制约依然突出。一是项目资金仍然短缺。在项目资金争取方面,市本级及三县区相对其他市县处于劣势,尤其是乡村振兴资金和自治区支农资金争取上,本市在全区资金争取份额仅占11%;二是土地资源供给与项目落地需求之间矛盾还比较突出,目前2个园区土地已全部用完,可供葡萄酒、绿色食品加工等"9+3"特色产业开发建设的地块不多,新引进企业入园困难。三是农业企业融资贷款难。农业本身投入大、见效慢、风险大,新型农业经营主体普遍资金紧缺,但是企业财务制度不够健全,信息公开透明度低,影响了新型农业经营主体的信用评价,增大了融资难度。

(四)重大支撑性项目和高技术项目偏少。近年来,石嘴山市在创新驱动发展战略的大背景下,农业农村领域通过招引科技型企业和支持鼓励当地企业开展技术创新,实施了金海科技、泰金种业、泰嘉渔业等一批科技含量较高的重大项目,但是总体来看项目投资额度都不大,重大支撑性项目和高技术项目偏少,农业项目在全市的分量相对较轻、规模较小,没有真正能够大幅度增加税收、产业关联度强的支撑性、战略性项目。

三、对策和建议

(一)进一步统一思想认识,完善项目推进机制。进一步加大宣传引导力度,切实做到思想高度统一,步调高度一致,工作形成合力。同时,进一步完善项目推进机制,用机制统一思想、推进工作。一是重点项目领导责任制。主要领导盯紧项目建设不放松,有什么问题抓紧靠上、第一时间解决;班子成员分兵把口,时刻不忘抓项目。二是包抓责任制。进一步明确重点项目的建设标准、投资数额、开工日期、形象进度和竣工时间,细化包抓领导和单位的责任,加大包抓、指导、考核力度,完不成任务不收兵、不换将。三是建立重点项目听证制度,充分听取各方面的意见,提高项目建设可行性、科学性。

(二)千方百计新上项目,扩大项目总量。一是倾力招引外地项目。充分挖掘当地比较优势,加强项目论证、包装、推介,特别是在特色种养业、葡萄枸杞产业、农副产品精深加工业以及补链、延链、强链等各环节项目的筛选、策划、储备上多下功夫,确保招商引资项目落地就见效。二是多方开发市内项目。引导支持现有骨干企业抓住机遇,增加投资,实施扩产工程,建设配套项目,走大型化、集团化、产业化经营之路。三是提高项目谋划能力。加强对项目业务管理人员培训,提高项目谋划能力和水平,按照"项目跟着规划走,要素跟着项目走"的要求,做好项目科学规划、合理布局,全力做好"十四五"规划重大工程项目谋划工作。四是积极争取上级项目。抢抓中央预算内投资向农业农村倾斜政策机遇,潜心研究国家中央预算内投资、自治区九大产业等有关政策,精准把握政策导向,争取更多中央、自治区政策和资金支持,争取更多项目列入国家和自治区投资的大盘子,最大限度争取上级资金支持农业农村项目建设。

（三）全力以赴落实项目,加快项目建设速度。一是破解瓶颈制约。除招商引资、政府投资、向上争取外,应全力争取信贷支持,充分激活民间投资,加强本市农业信用体系和担保体系建设,多组织项目推介会、银企洽谈会,为项目融资提供更多机会。用地方面,着力抓好土地增减挂钩,最大限度地盘活闲置土地,尽可能扩大土地储备,优先保障重点项目用地。二是狠抓服务到位。严格公开承诺制度,全面推行"一站式""保姆式"服务。对只承诺不服务、说到做不到、贻误重点项目落地建设的,严抓严管,切实解决不作为、慢作为问题。三是强化项目监管。后续项目建设过程中,对未开工和停建的重点项目,逐个排查原因,落实推进措施,做到尽早开工、尽早复建。对建设速度慢、效益差、圈而不建的项目,退出重点调度范围,取消有关优惠政策和待遇。高度重视中央投资项目、自治区财政支农项目管理,加强对项目建设标准、资金使用等情况的督导检查。

（撰稿:高全伟）

加强石嘴山市农产品质量
检测监管工作的探析

农产品质量安全是食品安全的基础,关系人民群众身体健康和生命安全,关系社会和谐稳定。近年来,随着经济社会的发展和生活水平的提高,人们对农产品质量安全的要求越来越高。农产品质量安全问题已经越来越受到广大人民群众的密切关注,已经成为全社会广泛关注的热点和焦点问题。苏丹红、三聚氰胺、海南毒豇豆、硫磺姜、毒豆芽、镉大米、瘦肉精……无时无刻不在威胁着人民群众生命和财产安全。习近平总书记在中央农业农村工作会议上提出:食品安全源头在农产品,基础在农业,必须正本清源,首先把农产品质量抓好。用最严谨的标准、最严格的监管、最严厉的处罚、最严肃的问责,确保广大人民群众"舌尖上的安全"。因此,要进一步统一认识,转变职能,创新机制,切实履行农产品质量安全监管工作职责,不断提升全市农产品质量安全水平,实现石嘴山市重大农产品质量安全事件零发生。

一、全市农产品质量安全检测监管工作取得的成效

为保证农产品质量安全,全市建立健全了长效管理机制,明确各部门的职能职责,通过加强农产品质量安全检测,强化农产品的安全监管,实行农产品产地准出和市场准入等,全市农产品质量安全监管工作取得了一定成效。

(一)检测监管组织架构初步建立。近年来,市委、市政府一直高度重视农产品质量安全检测监管体系建设,全市三级检测监管体系体系基本建成,建立了以市农产品质量安全检测中心为核心,县乡监管站、基地速测点、企业检测室为主的农产品检测监管网络。截至目前,

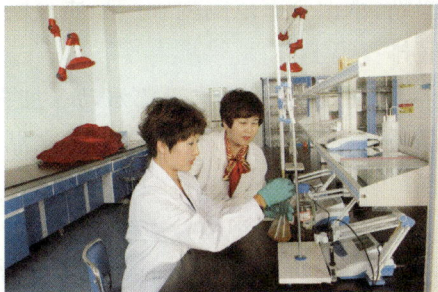

全市农业系统建有各级质检机构2个,市农产品质量安全检测中心获得国家
"双认证"资格,历时三年后,于今年又顺利通过了由宁夏回族自治区质量技术
监督局与区农牧厅批准的"双认证"复评审,平罗县检测中心也获得国家"双认
证"资格,19个乡镇农产品质量安全监管站挂牌运行。全市农产品质量安全检
测人员64人,能正式从事农产品质量安全检验检测工作。总的来看,全市农产
品质检机构特别是基层检验机构能力不断提高,检测监管网络体系初步建成,
县、乡质检站检测能力从无到有,检测方式已从单纯的定性分析扩充到定性和
定量分析相结合,检测范围由单一产品向种养业各类农产品扩展,标志着全市
农产品质量安全检测工作迈上了新台阶,步入了更加规范化、法制化的轨道。

(二)检测检验工作步入正轨。农产
品检测检验工作是农产品质量安全管理
的重要内容。近年来,全市以农产品质
量安全检验检测体系建设为抓手,积极
向上争取资金,购置相关检验、检测设
备,提高检测能力,强化对基地农产品及
产地环境的检测力度,检测体系初步展
开。投资1000万元、在全区率先建成面
积为1063㎡的石嘴山市农产品质量安全检测中心实验室,拥有高精密仪器设备
235台(套),检测设备先进,辅助设备精良,并已投入使用。目前,重点开展农产
品农药残留、畜禽水产品兽药残留、土壤食品重金属检测、理化检测四大类68
项参数的检测技术,质量安全风险评估、安全标准等方面的工作。在全市科技
园区的四大核心区、各主要农产品生产基地、专业合作社等相继开展了农产品
质量安全抽查检测工作,每年抽检各类农产品8000个,抽检合格率达到98%以
上。2014年石嘴山市农产品质量安全检测中心被农业农村部授予风险评估实
验站,承担全市范围内农产品质量安全风险评估的定点动态跟踪和风险隐患摸
底排查等工作。

(三)追溯体系建设已启动。加强农产品质量安全监管,必须建立健全农产
品质量安全可追溯制度,实现农产品"生产有记录、流向可追踪、质量可追溯、责
任可界定、违者可追究"。从2013年开始全市启动农产品质量追溯体系建设,
首批确定了3个规模较大的超市、1个质量稳定的蔬菜种植专业合作社和2个农
产品生产企业进行了农产品质量安全追溯试点。今年,市农检中心建立了全市

农产品质量安全追溯监管系统,有监管、追溯、信息发布三个平台。系统按照国家农业农村部的标准制作,内容涵盖种植、养殖、检测、农业执法、投入品监管、三品一标等,将整个农产品从生产、加工、包装、储运、流通、销售所有环节进行信息记录、采集,自动生成二维码,贴到产品包装上,手机一扫,产品信息就显示出来。该体系实行层级管理,市农牧局为一级,可监管各县区、乡镇、企业和基地,县区为二级,可监管本县区内的乡镇、企业和基地,乡镇为三级,可监管本乡镇内企业和基地,企业和基地使用追溯平台输入信息后自动生成二维码。同时实现了县区、乡镇检测数据直接上传到监控中心。目前这个体系是全区首家地市级农产品质量安全监管体系,受到自治区农牧厅农产品监管局的肯定。同时也是我们运用检测服务产业发展、提升农产品质量的重要手段。

(四)农业行政执法不断加强。农业行政执法是农业投入品和农产品质量安全的重要保障。石嘴山市的农业行政执法体系日益健全,形成了市农牧局法规科负责职能监督、市、县(区)农业综合执法大队负责日常执法、各相关事业单位有效管理的农业行政执法体系。近年来,围绕种植业、农业投入品等的质量安全监管,组织开展了系列农业专项执法、农产品质量安全专项整治等行动,查处了一批大案要案,有力地确保了源头安全。

(五)农产品品质建设得到高度重视。近年来,全市积极推广实施农业标准化生产和无公害、绿色食品和有机食品"三品一标"认证,开展优质安全农产品生产技术指导,农业现代化水平得到了提升,从田间源头保证了农产品质量安全。全市"三品一标"农产品40个,其中无公害农产品33个,绿色食品4个,地理标志3个,无公害农产品产地8个。今年以来加大"三品一标"宣传和申报,已向农牧厅申报无公害农产品19个,绿色食品2个,无公害农产品产地7个。

(六)质量安全宣传力度不断加大。为增强农产品生产者、经营者的责任意识和广大消费者的安全意识,组织开展了涉农法律法规的宣传教育和安全生产技术培训,先后开展了《农产品质量安全法》方面的宣传活动,举办农产品质量安全法律知识培训。组织开展放心农资下乡进村、农业科技下乡、农业"五送"等活动,不断提高农业投入品生产者和经营者的依法生产、诚信经营意识。依托农民素质教育工程,大力开展农产品生产技术培训,举办蔬菜种植、畜禽养殖等各类培训,均取得了较好的成效。

二、存在的主要问题

经过近年来开展的农产品质量例行抽检、全市范围的专项整治行动等,使得全市农产品质量安全工作取得了一定实效，但应该清醒地看到，农产品质量安全的形势仍不容乐观，农产品质量安全监管存在的问题依然不少。

（一）监管组织体系建设需要加强。农产品质量安全监管面广量大，任务繁重，形势严峻。虽然监管组织机构的主干框架已基本形成，但是机构人员配置少、工作管理制度不完善，监管工作机制不健全，监管力量严重不足，监管组织体系建设需要加强。如生产基地也没有设立农产品质量安全监督员。乡镇虽成立了农产品质量安全检测机构，基本都无专职检测人员，绝大部分身兼多职，无法全身心投入到农产品质量安全监管工作中去。

（二）农产品检验检测能力尚显不足。由于农产品品种繁多，涉及面广，需要速度快、结果准、技术先进的检测设备才能适应检测要求，检验检测的任务重、责任大。目前，石嘴山市仅有市农产品质量安全检测中心具备检测能力，惠农区和平罗县虽成立了农产品质量安全检测站，但由于种种原因，还未开展工作。而全市19个乡镇虽建立了农产品质量安全快速检测室，由于缺乏资金和专业的技术人员，检测人员多为兼职，因此，相关的检测技术人员有待培训，检测能力有待提升。

（三）加强生产主体行业自律任重道远。农业从业者的行业自律是提高农产品质量安全水平的重要前提。综合来看，全市农业生产主体的行业自律能力还比较欠缺，加强农产品质量安全行业自律任重而道远。一是部分农业生产主体的安全意识和法律意识仍然淡薄。由于自身综合素质相对偏低、利益最大化的驱动、行业潜规则的盲从等原因，农业生产主体质量意识、法律意识不强，主观上造成了农产品质量安全的隐患。二是行业自律缺乏有效的引导。尽管农业各产业成立了行业协会等行业自律性组织，但是这些组织运作的重心往往都在技术服务、利益共享等产业发展问题上，对行业自律没有引起足够的重视，更缺乏有效的引导和激励。三是部分生产领域的组织程度仍然较低，基本处于分散、无序的生产状态，不合格农产品问题较严重。

（四）农产品质量安全技术支撑仍需完善。农业生产的现代化、组织化和标准化程度决定了生产环节农产品质量安全水平。全市通过实施现代农业发展战略，农业产业化、组织化、现代化水平有所提高，但是分散经营、小规模粗放生产方式依然较大比例的存在，农技人员短缺、标准化生产管理不规范、现代装备水平不高的问题仍然突出。在农业生产组织方式上，由于搞分散经营、小规模生产增加了对农产品质量安全的产地监控难度。

（五）质量安全追溯管理机制尚待健全。企业的物联网信息系统没有建立，每个点需要1名专业人员人工填报质量追溯内容。通过调查了解，企业对质量追溯认识不够，认为安排专业人员增加了企业成本，不愿安排专门人员从事质量追溯工作。同时瓜菜产品多为散货、大包装，企业认为贴二维码意义不大；羊是整只的，上市后就分割了，贴二维码难度大；鱼是鲜活运输的无法贴二维码，全市农产品质量安全追溯体系进展仍然比较缓慢，离保障农产品质量安全的要求差距还很大。

三、加强农产品质量安全检测监管工作的对策建议

农产品质量安全管理工作是一项系统工程，是公共安全的重要组成部分，是关乎民生公共安全问题的重要工作，需要全市上下统一思想，提高认识，加强宣传，密切配合，狠抓落实，强势推进，真正把这项民心工程的各项政策和措施落实到位，为合力打造一个和谐稳定的社会环境做出应有的贡献。

（一）建立健全农产品质量安全监管体系。建立健全科学、公正、高效和保障有力的农产品质量安全监管体系。1.建立健全农产品质量安全监管机构。从实际出发，在市、县（区）、乡3级合理建立标准体系、检验检测体系、认证体系、应急体系、监管体系，确保工作机构健全、工作机制顺畅、工作责任到人、工作措施到位，切实履行法律赋予农业部门的职责。2.建立健全监管协调机制。从注重对生产领域的监管尽快向产前、产中、产后全程监管延伸，从注重行政管理向行政推动与行政执法并重转变，全面加强农产品质量安全监管工作。3.加强政府的领导和协调。将农产品质量安全监管工作纳入政府目标管理体系，对辖区内的农产品质量安全监管负总责，统一领导和协调农产品质量安全监管工作，加强对行政执法的综合协调，使各监管部门在政府的统一领导下，依法做好农产品质量安全监管工作。

（二）积极推进现代农业生产的组织化标准化建设。一是标准化生产模式的深入推广应用。要加强对农业标准化生产实施工作的监管，使标准化生产不流于形式，指导和督促生产主体严格按照标准规范组织生产。二是培育壮大农业生产经营主体。育强育大农业龙头企业，组建农民专业合作组织，提高产业化水平，提高农民组织化程度，增强农产品质量安全的市场制约力，进而增强生产主体的质量意识、法律意识、安全意识。三是促进农业规模集聚化经营。通过加强土地流转，促进农村土地规模经营，促进农业产业集聚发展，促进农产品区域化集中生产，从而提高农产品质量安全检测和监管效率。四是注重"三品一标"认证产品和基地建设。加大对农业生产基地的"三品一标"认证工作力度，提高市场准入门槛。五是加强农产品质量安全生产技术指导。继续健全和强化农业技术推广队伍，建立农技人员激励机制，强化对农业生产基地质量安全生产技术的辅导和培训。

（三）建立预警预报制度。要建立农产品质量安全预警制度和应急机制，对本行政区域内可能影响农产品质量安全的潜在危险进行风险分析、预测、评估，采取有效措施，防止农产品质量安全事故的发生。发生农产品质量安全事件时，发生地县（区）农业行政主管部门及其所属的农产品质量安全监管机构要及时赶赴现场调查和应急处置，根据突发事件等级启动相应的应急预案，并在第一时间逐级上报。

（四）建立农产品质量安全"黑名单"制度。农产品、农业投入品安全监督管理部门运用监管手段，根据农产品、农业投入品生产、销售基地（场）、专业合作社、家庭农场等不良行为记录，将其列入"黑名单"，通过农牧网络信息平台或新闻媒体向社会公布，并实施重点监督检查的管理制度。

（五）加强执法队伍建设。加强农产品质量监管执法队伍建设，打造一支具有专业知识、熟悉法律法规、规范执法的执法队伍，提高他们的执法能力和水平。以农业投入品为重点，提高执法能力和水平。以农业投入品为重点，依法开展专项执法行动，从生产源头上保障农业投入品的质量安全。加大农产品生产环节执法监管力度，严肃查处使用违禁农业投入品和生产销售有害农产品的违法行为。对违法行为要依法严肃查处，对不合格农产品要坚决查封和处理，对大案要案公开曝光，进一步加大立案查处力度，切断伪劣农产品、不安全农产品向市场输送的渠道，形成对农产品质量安全监管的高压态势，努力实现让市民吃上一口放心的饭菜、喝上一口安全的水，呼吸一口清新空气的目标。

（撰稿：李　莉）

关于"地方地理标志"农产品呈现
"申请热,使用冷"窘境的思考与建议

农产品地理标志是指标示农产品来源于特定地域,产品品质和相关特征主要取决于自然生态环境和历史人文因素,并以地域名称冠名的特有农产品标志。

一、现状

石嘴山市目前已向农业农村部申报成功的地理标志登记农产品共3个。分别是大武口小公鸡,惠农区李岗西甜瓜和平罗县的黄渠桥羊羔肉。由于种种原因,全市农产品地理标志申报工作一直停滞不前,已获证的农产品也没有充分发挥其市场优势。

"大武口小公鸡"始创于20世纪80年代初,有较长的养殖历史。大武口小公鸡产于三个涉农单位,长兴、长胜2个街道办事处,隆湖扶贫经济开发区1个,共12个行政村。大武口区位于宁夏回族自治区北部,石嘴山市东北部。东经106°05′30″~106°18′20″,北纬38°08′40″~38°24′30″。海拔高度1150米。南至姚汝公路,北至平石公路,东至包兰铁路和火车站站前路,西与内蒙古自治区接壤。总土地面积1007.5平方千米,年总生产量60万只。为进一步做大做强小公鸡养殖规模,石嘴山市市场监管局积极鼓励兴民村小公鸡专业养殖合作社注册了"兴民村"和"发际红"两个小公鸡商标,为"大武口小公鸡"贴上品牌,切实畅通"大武口小公鸡"地理标志农产品升值通道。由于村民养殖积极性不高,养殖规模小,

大武口小公鸡

带动能力弱，使得"大武口小公鸡"这一地标产品没有发挥其品牌效应。

惠农区位于宁夏回族自治区北部，东西宽约88.8千米，南北长119.5千米，位于东经105°58′~106°39′，北纬38°21′~39°25′。东临滔滔黄河与内蒙古鄂尔多斯市为邻；西依巍巍贺兰山，与内蒙古阿拉善盟隔山相望；北依黄河水与

李岗西甜瓜

内蒙古乌海市相邻；南连银川平原，与自治区首府银川市兴庆区、贺兰县交界，辖6街道，3乡3镇，共42个行政村、50个居委会。李岗村有9个队，现种植西甜瓜3000亩，李岗西甜瓜营养成分均不少于西瓜，而芳香物质、矿物质、糖分和维生素C的含量则明显高于西瓜。具有"消暑热，解烦渴，利小便"的显著功效；目前年产量5000吨左右。

平罗县黄渠桥羊羔肉农产品地理标志地域保护范围包括黄渠桥镇、宝丰镇、灵沙乡、城关镇、高庄乡五个乡镇64个行政村。保护范围位于北纬38°49′~39°05′，东经106°24′~106°50′，区域面积439.73平方千米，保护区内年产量2300吨。黄渠桥羊羔肉肌肉呈淡红色、肌纤维细，肌间脂肪分布均匀，弹性好，被覆一层薄薄的脂肪，白里透红。尾根部宽大，尾尖细，呈三角形。腿骨短而壮、附着丰满的肌肉、嗅之清香，不膻不腥，经烹调后色泽棕红，肉嫩鲜美，肥而不腻、无膻味，色、香、味、形俱佳。黄渠桥羊羔肉蛋白质营养丰富，含有人体所需苏氨酸、亮氨酸、异亮氨酸、苯丙氨酸、赖氨酸、组氨酸等氨基酸，且矿物质元素种类丰富。蛋白质含量高，脂肪含量低，鲜肉中含蛋白质含量不低于17.5%，脂肪含量不高于0.8%。与小尾寒羊、新疆细毛羊相比，黄渠桥羊羔肉羰基化合物含量最低，糖蛋白、核苷酸、谷胱甘肽含量极高，胆固醇含量低于其他羊肉，属低脂型肉品，营养素配比合理，是集营养滋补、保健于一体的优质肉品。

然而，由于市场和企业管理等多种因素影响，致使上述三个获得国家农业农村部地理标志登记农产品的优良品牌，没有创造明显的经济效益，没有真正发挥其影响力和公信力。

二、存在的问题

（一）地方政府和相关部门重视程度不够。地理标志产品申报须由地方政府提出，当地农业农村部门牵头实施。牵头部门不但自己尚未对此项工作引起重视，而且缺少与政府的及时汇报沟通。目前没有一个县区政府提出地理标志农产品要实现的目标和奖励措施。

（二）缺乏地理标志农产品保护方面的人才。挖掘、培育、申报一项地理标志农产品（以下简称地标产品），需要充分发掘其独特的地域属性、人文历史资料以及种植的土壤、水质、气候、管理等。不仅如此，还需要组织大量的申报材料。因此，从事地标产品保护工作，需要有既懂农业，又懂生产工艺，既有历史素养，又有一定文字功底的专业人士来承担。我们常听说有质量专家、质量管理人才、质量安全监管队伍，却很少听说谁是地标产品专家，谁擅长地标产品申报材料的撰写，谁是地标产品保护产品监管、利用方面的人才。相关人才匮乏成为制约工作开展的瓶颈。

（三）农产品地理标志知识普及不够，使用意识不强。当前，地理标志知识的普及仍然不够。消费者对"黄渠桥羊羔肉"等品牌耳熟能详，但是一旦提及"地理标志"，大家普遍反映比较陌生。对企业而言，由于认识不到地理标志在提高农产品竞争力、保障农产品市场秩序和增加农民收入方面的巨大作用，导致一些地区花费大量的人力、物力申报下来的地理标志农产品成了摆设，没有发挥其应有的作用。相反有些生产者虽然已经具备了申请农产品地理标志的条件，可对地理标志农产品保护的意义认识不充分，觉得只要把自己的农产品用一个自认为不错的价格卖出去就可以了，没有必要增加额外的生产成本或者费用，不愿意把资金和精力投入到地理标志产品的注册、认证上来。甚至有的企业具有使用农产品地理标志的条件，但对其使用细则不了解，在其自身权益受到损害时，都不会通过法律手段来保障自己的合法权益。仅仅把地理标志作为一个产品资质之一，并没有意识到其为一项知识产权并受到国家法律的保护，也没有让这个资质发挥其应有的经济效益。

（四）"重申报轻使用"现象较为突出。申请地标产品保护，不是得到一块牌子、一份红头文件就万事大吉了，更重要的是如何利用这块"牌子"，如何让受到保护的地标产品的价值最大化。但长期以来，全市地标产品没能得到很好地开发，核心价值没能得到很好地利用，对优质资源造成了极大的浪费。到目前为止，全市获证的三个地理标志登记农产品没能充分利用地标产品这一无形的品牌,没有挖掘自身价值,导致地标产品品牌意义形同虚设,没有给企业带来更多的收益。地标保护工作"重申报轻使用"的现象突出,与诸如"中宁枸杞""中卫西瓜""固原土豆"等地标产品的开发利用存在天壤之别。

三、建议

(一)地方政府要足够重视农产品地理标志的申报工作。地标产品的申报、保护离不开地方政府的支持。农业农村部门要多与政府沟通,汇报地标产品保护对地方农业经济发展的重要意义,继而推动政府在规划上、政策上给予倾斜。例如把地标产品的培育获批纳入地方发展规划,纳入对县级及以下政府或相关部门的考核,明文规定部门怎么做、企业怎么做、合作社和农户怎么做,并出台奖励措施,将之与创建品牌奖励结合起来,对在地标产品获批过程中作出贡献的单位、个人给予物质和精神奖励。

(二)建立多方协调合作机制。由于缺乏地标产品工作专门人才,需要建立多方人才共享合作机制。如由农业农村部门相关标准化专家或邀请省一级相关专家负责指导地方标准或企业标准的制定,县志办专家负责挖掘产品背后的历史人文价值,农业部门专家负责对土质、水质进行调研,气象部门专家负责对日照、降雨量影响提供依据;企业、合作社相关人员负责对生产的农产品质量进行把关等,统筹各方力量,形成推进地标产品工作的合力。

(三)加大宣传力度。深化地标产品保护工作,需要各界加深对地标产品保护的认识和理解。因此,要通过制作宣传片、宣传册等宣传手段,让更多的人了解地标产品申报工作,让更多的企业、合作社、农户参与进来。要下大力气组织开展地标产品工作业务培训,尤其是在县、乡、村级领导干部培训中,增设地标产品精准扶贫、富民强县等方面的讲座,以深化对地标产品工作的认识。

(四)强化地标产品后续管理力度。地标产品获批后,重头戏在于如何实施保护。应建立完善的技术标准体系、质量保证体系和检验检测体系,形成包括注册、保护、监管、示范、国际化运用、品牌评价等在内的多层次、全链条的地标产品保护工作格局。地标产品工作管理部门要充分利用这些有利资源,加强对已获保护的地标产品的示范引导,进一步完善地标产品的技术标准和质量保证体系,推进地标产品专用标志的使用和管理,对假冒地标产品的违法行为严厉打击。

(撰稿:孙云霞)